Carolyn Caldicott

WORLD STREET FOOD

Einfache Rezepte von unseren Reisen

Mit Fotos von Chris Caldicott

Aus dem Englischen
von Sebastian Hoch

Verlag Freies Geistesleben

ICI → POISSON FRAIS

1. Auflage 2017

Verlag Freies Geistesleben
Landhausstraße 82, 70190 Stuttgart
www.geistesleben.com

ISBN 978-3-7725-2659-6

Die Originalausgabe erschien 2017 unter dem Titel «World Street Food», bei Pimpernel Press Limited, London

© Pimpernel Press Limited 2017
Text © Carolyn Caldicott 2017
Fotos © Chris Caldicott 2017
Foodstyling: Carolyn Caldicott
Gestaltung: Becky Clarke Design

Für die deutsche Ausgabe:
© 2017 Verlag Freies Geistesleben
& Urachhaus GmbH, Stuttgart
Umschlag: Bianca Bonfert
Druck: C & C Offset Printing Company Limited
Printed in China

INHALT

EIN KULINARISCHES HALLO!

Dieses Kochbuch ist ideal für die erste eigene Küche und für alle Reiselustigen. Wer erinnert sich nicht sehnsüchtig zurück an die erste wirklich längere Reise in ferne und fremde Länder mit all ihren exotischen und aufregenden Gaumenkitzeln? *World Street Food* versucht, all die köstlichen Verführungen der Straßenstände und Naschmärkte, der Trattorien und Teehäuser, der Lagerfeuerküchen und Backpacker-Cafés wieder aufleben zu lassen. Wahre Klassiker der Reiseküche finden sich hier in einfacher und leicht nachzukochender Form wieder. Und bei den Rezepten wurde Wert darauf gelegt, dass nur solche Zutaten verwendet werden, für die man nicht erneut um die halbe Welt reisen muss, um sie zu besorgen.

Alle Rezepte können nach Belieben abgeändert werden und sind, wenn möglich, auch als vegetarische Variante beschrieben. Und für all jene, die das authentische kulinarische Flair eines fernen Straßenstandes wieder erleben wollen, finden sich zudem jede Menge Tipps. *World Street Food* ist voller kleiner, aber feiner Rezeptideen – und schont dabei die Reisekasse. Denn wer weiß: vielleicht inspiriert Sie ja eines der Gerichte im Buch zu Ihrem nächsten großen Reiseabenteuer …

Kaum etwas ist so schön, wie die eigenen Freunde und Mitbewohner zu bekochen und dabei von Tuk-Tuk-Touren, erlebnisreichen Zugfahrten und abenteuerlichen Busreisen zu erzählen. Leckere Tapas erinnern an vergangene Spanienstunden, und das selbst gemachte Lassi versetzt einen direkt zurück in die von Menschen wimmelnden Straßen Indiens. Noch einmal erklimmt man beim gierigen Verschlingen eines köstlichen südafrikanischen Bunny Chows die Höhen des Tafelbergs, fühlt sich beim lustvollen Verspeisen eines Avocado Completo in die besondere Atmosphäre einer lateinamerikanischen Late-Night-Bar zurückversetzt und spürt erneut den Sand zwischen den Zehen beim Naschen eines duftenden Kokoscurrys aus Thailand …

BEVOR ES LOSGEHT

Inspiriert von der kulinarischen Philosophie der Straßenstände und Cafés ist der Grundgedanke dieses Buches, alles möglichst einfach zu halten. So wurde bei der Auswahl der Rezepte stets an die praktischen Beschränkungen kleinster Küchen gedacht und das Ziel verfolgt, lediglich ein Minimum an Küchenutensilien benutzen zu müssen. Nur die wirklich notwendigen und unverzichtbaren Küchenhelfer werden als sinnvolle Grundausstattung vorausgesetzt, alles darüber hinaus kann man auf den eigenen Wunschzettel setzen. Für wen das Kochen aber zur Leidenschaft wird, für den werden diese Extras schon bald an Bedeutung gewinnen!

Bevor Sie nun damit beginnen, die Läden unsicher zu machen und viel Geld zu investieren, sollten Sie zuerst versuchen, nützliche Töpfe und Pfannen, die sonst bei anderen nur irgendwo herumstehen und verstauben, auszuleihen. Es lohnt sich außerdem, die Läden von Wohltätigkeitsorganisationen und Flohmärkte nach Brauchbarem zu durchstöbern oder in Ramschläden nach günstigem «Küchen-Krimskrams» – von Woks bis Schneidemessern – zu suchen.

Damit das Kochen einfacher wird und nicht zu viel Zeit beim Abmessen und -wiegen vertan wird, ist in vielen Rezepten die Maßeinheit «Becher» angegeben. Diese bezieht sich auf einen handelsüblichen Becher mit 275 ml Füllmenge.

Küchenutensilien

Grundausstattung

Wok: Dieses flexible «Must have» einer jeden Küche bietet weit mehr Einsatzmöglichkeiten als nur das Zubereiten eines klassischen Pfannengerichts.

Kleine und mittlere Pfannen mit Deckel: Sollte das gemeinsame Kochen in der Gruppe geplant sein, so legen Sie einfach zusammen – und schon gehört auch eine große Pfanne zu Ihrer Küche.

Kleine und mittlere Rührschüsseln

Schneidebretter: Es empfiehlt sich, ein Brett oder eine Seite des Brettes ausschließlich für die Zubereitung von Fleisch zu reservieren. Auch Zwiebeln, Knoblauch und intensiv riechende Kräuter sollten eine «eigene Seite» bekommen.

Kleine und große Schneidemesser: Nichts ist frustrierender als stumpfe Messer. Sorgen Sie also mit einem Messerschleifer dafür, dass alle stets rasierklingenscharf sind.

Brotmesser

Ein **Set an Löffeln** in verschiedenen Größen.

Kochlöffel (z. B. aus Holz) und **Pfannenwender**

Reibe: am besten eine mit vier unterschiedlich großen Reibflächen.

Gemüseschäler

Abtropfsieb: groß genug, dass man einen Topf Pasta abgießen kann!

Messbecher: am besten einen mit Maßangaben für Flüssigkeiten und Mengen.

Becher: Sämtliche Angaben in diesem Buch beziehen sich auf einen Becher mit 275 ml Füllmenge.

Kleine und mittlere Auflaufformen

Tortenform: mit einem Durchmesser von 18 cm.

Backbleche

Kartoffelstampfer

Nudelholz: nicht unbedingt notwendig, aber immer hilfreich.

Küchenhandtücher

Frischhaltedosen aus Plastik, gefriertauglich.

Küchenrolle, Alu- und Küchenfolie

Der Wunschzettel

Küchenmaschine: Damit ist das Arbeiten einfach ein Vergnügen und macht das Zubereiten von Essen so einfach! Sollte eine Küchenmaschine zu groß und teuer sein, ist ein Stabmixer eine gute Alternative.

Tisch-/Kontaktgrill: Modelle mit einem geriffelten Kochfeld sind vielfältiger einsetzbar als die klassischen Sandwichmaker.

Schongarer: Praktisch und gesund – einfach alles in den Topf geben und auf die vorgesehene Garzeit achten, fertig!

Buddhastatuen in einem Kloster nahe des Inle-Sees, Myanmar

Die Jagd nach den besten Angeboten

Heutzutage haben selbst Supermärkte die Nachfrage nach Zutaten aus aller Welt erkannt und führen ein reichhaltiges Angebot für die Vorratsschränke all jener Kunden, die sich mit dem Reisevirus infiziert haben. Allerdings gilt einschränkend, dass sich in Supermärkten zwar die gängigen Zutaten zu anständigen Preisen finden lassen, Ungewöhnlicheres aber eher teuer ist. Zudem kann man meist nur abgepackte Portionen kaufen. In speziellen asiatischen oder orientalischen Lebensmittelläden dagegen ist das Angebot vielfältiger. Diese Läden sind einfach großartig, wenn es darum geht, Tomaten oder Hülsenfrüchte in Dosen, tütenweise Linsen, Gläser mit Tahine, blockweise Tofu oder Oliven, Gewürze, Kräuter, exotische Früchte und Gemüse zu kaufen. Jedes Mal aufs Neue werden diese Orte so zu einem wahren Mekka an faszinierenden Zutaten.

Die Gemüsestände auf Straßenmärkten sind natürlich ebenfalls eine gute Quelle für Lebensmittelschnäppchen – besonders am Ende des Tages, wenn mancherorts das nicht verkaufte Obst und Gemüse aus den Kisten heraus versteigert wird. Kauft man en gros, bekommt man die besten Preise. Daher lohnt es sich, sich mit anderen zusammenzutun und so die Kosten zu teilen. Auch beim Einkauf in einem normalen Supermarkt gibt es Dinge, auf die man achten sollte, um die eigene Rechnung möglichst gering ausfallen zu lassen. Lohnenswert ist ein Blick auf Vergleichsportale im Internet, die zeigen, welcher Markt gerade die günstigsten Angebote hat. Kaufen Sie Obst und Gemüse immer lose statt fertig abgepackt. Das ist in der Regel billiger und schont die Umwelt. Außerdem können Sie so die entsprechende Menge dessen einkaufen, was Sie benötigen. Die gleiche Logik sollte man beim Fleisch- und Fischeinkauf anwenden. Kaufen Sie immer an der Fleisch- bzw. Fischtheke, es sei denn, Sie entdecken ein unschlagbares Angebot bei einem abgepackten Produkt. Dabei sollten Sie sich aber immer fragen, woher es kommt. Um Abfall zu vermeiden, empfiehlt es sich, alles, was nicht benötigt wird, sofort einzufrieren, oder aber gleich so viel zuzubereiten, dass es sich lohnt, es portionsweise einzufrieren. Tiefgefrorene Produkte wie Gemüse und Fisch sind – bei fast gleichwertiger Qualität – meist günstiger als frische, zudem hat man die Möglichkeit, immer nur das aufzutauen, was man braucht. Ganz gleich, wo Sie einkaufen – nach Preissenkungen am Ende des Tages Ausschau zu halten, lohnt sich eigentlich immer – achten Sie dabei aber aufs Verfallsdatum.

Der verführerische Markt von Rialto, Venedig >

Tipps für Vegetarierinnen und Vegetarier

Bioläden, aber auch Supermärkte, bieten mittlerweile eine breite Auswahl an Fleischersatzprodukten wie beispielsweise Seitan oder Quorn an. Am besten stöbert man ein paar Mal durch die Läden, um die gesamte Bandbreite davon kennenzulernen und seinen Favoriten zu finden. Neben den Ersatzprodukten sind auch der indische Paneer-Käse und der aus dem Nahen Osten stammende Halloumi-Käse eine hervorragende Alternative zu Fleisch. Da beide in der Pfanne nicht schmelzen, kann man sie gut in Würfel oder Scheiben geschnitten goldbraun grillen oder braten. Tofu wiederum ist reich an Proteinen und kann roh, mariniert, geräuchert oder frittiert gekauft werden. Wenn Sie sich für die rohe Variante entscheiden, empfiehlt es sich, immer festen Tofu zu kaufen. Etwas ausgefallener ist Tempeh, ebenfalls aus Sojabohnen, das ähnlich wie Tofu verwendet wird. Tempeh erhält man nur in asiatischen Lebensmittelläden.

Fachbegriffe & Tipps aus der Küche

Einige Begriffe sind selbsterklärend und den meisten wohl auch geläufig, aber doppelt genäht hält ja bekanntlich besser!

Zum Kochen bringen: Erhitzen Sie den Topf so lange auf starker Flamme, bis sich Blasen und Dampf bilden. Anschließend wird die Hitze reduziert, wenn nichts anderes im Rezept angegeben ist.

Köcheln: Hierbei soll das Kochgut bei einer Temperatur ziehen, bei der es gerade noch nicht kocht. Um an diesen Punkt zu kommen, muss man etwas zunächst zum Kochen bringen und anschließend die Hitze so weit zurücknehmen, dass die Blasen kleiner werden, aber gerade noch sichtbar sind.

Das Öl erhitzen: Es ist sehr wichtig, das Öl in der Pfanne vor dem Braten zu erhitzen. Um herauszufinden, ob es heiß genug ist, geben Sie einfach ein kleines Stückchen dessen in die Pfanne, was Sie braten möchten. Wenn es zischt und brutzelt, hat das Öl die richtige Temperatur erreicht.

Fleisch anbraten: Tupfen Sie dafür zunächst das Fleisch mit einem Stück Küchenpapier trocken. Erhitzen Sie anschließend etwas Öl und braten Sie darin das Fleisch kurz auf beiden Seiten so an, dass es an der Oberfläche eine bräunliche Färbung erhält, im Inneren jedoch noch nicht durchgebraten ist.

Karamellisieren: Hierbei wird der von Natur aus in Lebensmitteln vorhandene Zucker durch kurzes Anbraten bei konstantem Rühren gebräunt, um so eine Karamellfärbung und einen etwas nussigen Geschmack zu erhalten.

Den Ofen vorheizen: Öfen brauchen Zeit, um die richtige Temperatur zu erreichen. Daher sollten vor dem Backen die Bleche in Position gebracht und der Regler auf die gewünschte Temperatur eingestellt werden. Rechnen Sie mit ca. 15 Minuten Vorheizzeit.

Braten mit Gewürzen: Um die Aromen der Gewürze freizusetzen, ist es wichtig, dass diese kurz in heißem Öl angebraten werden. Ungemahlene Gewürze werden generell zuerst gebraten, ehe dann die Gemahlenen dazugegeben werden. Letztere brennen allerdings schnell an, daher sollten sie konstant in Bewegung bleiben.

Kochen mit Kokosmilch: Kokosmilch darf niemals kräftig kochen. Bei zu großer Hitze flockt sie nämlich aus und man erhält als Resultat eine wässrige Soße.

Gartest: Überprüfen Sie immer, ob das Fleisch und der Fisch richtig gebraten sind. Steak und Lamm können englisch (d. h. innen durchgängig rosa) serviert werden. Schwein und Huhn aber müssen komplett durchgebraten sein. Um den Gartest zu machen, stechen Sie mit einem scharfen Messer in den dicksten Teil des Fleisches. Wenn der austretende Bratensaft rötlich-pink ist, muss das Fleisch noch so lange gebraten werden, bis der austretende Bratensaft klar ist. Beim Fisch macht man den Gartest am besten mit einer Gabel: Lässt sich das Fleisch gut lösen, ist der Fisch fertig.

Pasta kochen: Die Garzeit variiert von Nudelart zu Nudelart. Lesen Sie also immer die Hinweise auf der Packung. Kochen Sie zuerst reichlich Wasser auf, ehe Sie die Pasta zugeben. Das Wasser sollte gut gesalzen und der Topf nicht ganz zugedeckt werden. Sobald die Pasta al dente ist – also weich, aber dennoch mit Biss –, ist sie fertig.

Reis kochen: Es gibt einen einfachen Trick, wie man Reis kocht, und wenn Sie diesen kennen, kann nichts mehr schiefgehen. Um zwei Portionen Reis zuzubereiten, füllt man einen Becher Reis in einen kleinen Topf und spült ihn drei- oder viermal mit Wasser klar. Zwischen zwei Spülgängen muss das überschüssige Wasser abgegossen werden. Nun bedeckt man den Reis mit 1,5 Bechern kaltem Wasser und kocht das Ganze auf. Anschließend reduziert man die Hitze auf ein Minimum, deckt den Topf ab und lässt alles so lange weiterziehen, bis das Wasser vom Reis aufgesaugt wurde (ca. 10 bis 15 Minuten). Der Reis wird nun vom Herd genommen und weitere 10 Minuten bei geschlossenem Deckel im Topf gelassen. Anschließend wird er mit einer Gabel aufgelockert. Brauner Reis wird nach der gleichen Methode zubereitet. Man braucht aber 2 Becher Wasser und die Garzeit verlängert sich auf ca. 25 Minuten.

Dosen im Kühlschrank: Bereits geöffnete Dosen haben definitiv nichts im Kühlschrank zu suchen. Füllen Sie den Inhalt stattdessen in ein Glas mit Deckel.

Auftauen: Geben Sie gefrorenen Fisch, Fleisch oder vorgekochtes Essen zum Auftauen in den Kühlschrank. Das dauert zwar länger, verhindert aber, dass sich Bakterien einnisten.

Brühe: Es gibt viele Arten Brühe auf dem Markt. Frische Brühe ist selbst gemachter ähnlicher, hat aber auch ihren Preis. Alternativ kann man auf Brühwürfel oder -pulver zurückgreifen; wichtig ist dabei, dass sie nur aus natürlichen Zutaten und ohne Glutamat hergestellt wurden.

Vor dem Kochen: Alle Zutaten sollten vor dem Kochen vorbereitet werden und griffbereit sein. Das erleichtert das Arbeiten und sorgt für mehr Ruhe am Herd.

EUROPA
Politische Übersicht.

Maßstab 1:25 000000.
Deutsche Meilen (15·1°)
Kilometer 111·1°.
Die Hauptstädte sind unterstrichen.

NÖRDLICHES EISMEER

Nördliches Polarkreis

ISLAND
Dän. I.

ATLANTISCHER OZEAN

NORD-SEE

GROSSBRITANNIEN
England
London

OST-SEE

DÄNEMARK

FINNLAND

RUSSLAND

DEUTSCHES REICH
Berlin

Polen

NIEDERL.
BELGIEN

FRANKREICH
Paris

SCHWEIZ

ÖSTERREICH - UNGARN
Wien   Budapest

RUMÄNIEN
Bukarest

SERBIEN

BULGARIEN

PORTUGAL
Lissabon

SPANIEN
Madrid

ITALIEN
Rom

Corsica

Sardinien

Sicilien

TÜRKISC...

KLEIN-A...

GRIECHENL...

Tyrrhenisches M.

Ionisches Meer

MITTELLÄNDISCHES MEER

Kreta (autonom)

AFRIKA

Algerien

EUROPA: INTERRAIL FÜR KULTURHUNGRIGE

Eine Reise durch Europa muss nicht unbedingt teuer sein. Noch immer kann man für wenig Geld viel bekommen – man muss nur klug haushalten. Einer eindrücklichen und sinnlichen Entdeckungsreise zu all den kulturellen und gastronomischen Höhepunkten Europas steht also nichts im Wege, vielmehr lockt die Aussicht, auf den Spuren der historischen «Grand Tour» des europäischen Adels und Bürgertums das vielfältige Hier und Jetzt des Kontinents zu erkunden. Seine einzigartige Geschichte und Architektur gilt es dabei ebenso zu entdecken wie die grandiose Kunst und Musik, die zum Schwelgen einlädt. Und abseits der bekannten Pfade locken nicht nur die vielen kleinen Cafés und Restaurants, sondern auch zahllose versteckt gelegene Traumplätze und natürlich die kulinarischen Besonderheiten der einzelnen Regionen. Ich habe für dieses Buch nur wenige Hot-Spots wählen können, da es neben diesem Kontinent ja noch andere Teile der Welt auf den folgenden Seiten zu entdecken gilt.

Um das Reisebudget zu schonen, bietet es sich an, auf Hotelübernachtungen zu verzichten und stattdessen für die Fahrt von Reiseziel zu Reiseziel Nachtzüge zu nutzen. Auf diese Art spart man wertvolle Euro, die man viel gewinnbringender in all die Köstlichkeiten entlang des Weges investieren kann. Lokale Märkte sind gute Orte, um sich mit Vorräten einzudecken. Kleine, mit landestypischen Spezialitäten lockende Läden und Marktstände verführen immer wieder zu regelrechten Genussgelagen. Und in allen Cafés und Bars gilt: Machen Sie es wie die Stammgäste! Steht man am Tresen oder wählt einen Sitzplatz innen, dann kommt man um die oft höheren Preise für ein und dasselbe Gericht am Tisch draußen herum. Als Nebeneffekt erhält man außerdem oft wertvolle Ratschläge von Insidern zu allem, was wichtig und weniger wichtig ist.

Ganz gleich, ob es all die kleinen Köstlichkeiten sind, die in den Pâtisserien und Cafés an den Boulevards von Paris locken, die frisch zubereiteten Fritten mit Mayonnaise in Amsterdam oder aber ein Schnitzel-Sandwich auf dem bierseligen Münchner Oktoberfest – wirklich alles will entdeckt und gekostet werden. Überteuerte Restaurants direkt an den herrlichen Plätzen Italiens gilt es zu meiden und stattdessen die kleinen Trattorien in den Seitenstraßen aufzusuchen, deren hausgemachte Pasta in den tiefen Tellern dampft. In Barcelona warten die leckeren Tapas in den Bars und die Raciónes im Mercat de la Boqueria, den großen Markthallen, nur darauf, verspeist zu werden. Und beim Inselhopping in der Ägäis gibt es kaum etwas Verführerischeres, als bei einer griechischen Meze und einem Glass Ouzo auf der Terrasse einer Taverne in Strandnähe ein Sonnenbad zu nehmen und aufs klare blaue Meer hinauszuschauen.

Im Uhrzeigersinn von links: Strand bei Pescoluse, > Apulien; Mercat de la Boqueria in Barcelona; eine Trattoria in Venedig; Fischmarkt in St. Tropez; Markusplatz in Venedig

Der europäische Vorratsschrank

Man sollte immer einen Vorrat an Pasta, Dosentomaten sowie Milchprodukten und Käse zu Hause haben, der am besten noch – für etwas Mittelmeerflair zu Hause – um verschiedene getrocknete und frische Kräuter sowie Gewürze ergänzt wird.

Milchprodukte/Käse: Naturjoghurt und Sahne, geriebener Parmesan, Mozzarella, Hartkäse, (z. B. Gruyère oder Cheddar) und Feta.

Eier: möglichst immer aus ökologischer Freilandhaltung.

Tomaten: Dosentomaten in Stücken sowie Tomatenmark für den Vorratsschrank, frische Tomaten für den baldigen Verzehr. Bei all den verschiedenen Sorten lohnt sich das Probieren.

Pasta: Spaghetti und Tagliatelle gehen eigentlich immer. Die Gerichte gelingen mit fast allen Pastasorten. Wenn also gerade irgendeine Packung offen ist, nimmt man einfach diese.

Olivenöl: Ein gutes Olivenöl ist zwar etwas teurer als andere pflanzliche Öle, kann aber für den feinen Unterschied sorgen. Um die Rechnung beim Einkauf so gering wie möglich zu halten, sollte man sich jedoch von den ganz edlen Ölen extra vergine fernhalten.

Oliven: Griechische, türkische und orientalische Lebensmittelläden bieten Oliven aller Art und Größe an, auch in günstigeren Vorteilspackungen.

Kräuter: Getrockneter Thymian und Oregano dürfen nicht fehlen; allerdings sollten Sie Kräuter möglichst immer in kleineren Einheiten kaufen, da sie mit der Zeit ihren Geschmack verlieren. Frische Minze, Basilikum und Petersilie kann man gut im Töpfchen auf einem sonnigen Fenstersims gedeihen lassen und so für eine konstante Versorgungslage an frischen Kräutern sorgen.

Gewürze: Gemahlener Kreuzkümmel und Paprikapulver gehören zur Grundausstattung. Für den authentischen Geschmack von spanischen Gerichten lohnt es sich, in Pimentón de la Vera (geräuchertes Paprikapulver) zu investieren. Es ist in zwei Varianten erhältlich: mild (dulce) oder scharf (picante) – entscheiden Sie einfach selbst!

Zitronensaft: Man sollte stets frischen Zitronen die Treue halten.

Schattiger Olivenhain in Salento >

Quiche Lorraine

Selbst gemachte Quiche schmeckt um Welten besser als gekaufte. Und nimmt man fertigen Blätterteig, verkürzt sich die Zubereitungszeit deutlich. Servieren Sie die Quiche warm. Wenn Sie zu viel zubereitet haben, lässt sich Quiche gut einfrieren und zu einem anderen Zeitpunkt erneut genießen.

Das wird für 4 Stück gebraucht:

1 Päckchen fertiger Blätterteig
110 g Räucherspeck
Butter zum Ausfetten
Öl zum Braten
3 große Eier
275 ml Sahne
75 g Cheddar-Käse, gerieben
Salz und schwarzer Pfeffer
Tortenform, ca. 18 cm Durchmesser
  (oder eine entsprechend große Springform)

So wird's gemacht:
- Den Ofen auf 190 °C / Gasstufe 5 vorheizen.
- Die Form mit Butter ausfetten. Dabei großzügig Butter verwenden – sie erleichtert später das Lösen der Quiche aus der Form.
- Die Backform mit dem Blätterteig auslegen. Dabei vorsichtig den Rand andrücken und 1 cm Teig überstehen lassen.
- Den überstehenden Teig über die Oberkante der Form falten – dadurch wird verhindert, dass der Teig während des Backens schrumpft. Den Teig ein paar Mal mit einer Gabel einstechen und mit Alufolie abdecken; diese am

Noch eine Prise authentischer?

Verwenden Sie Gruyère statt des geriebenen Cheddar.

Vegetarisch?
Ersetzen Sie den Speck einfach durch eine Handvoll gebratene Champignonscheiben oder halb gekochte Brokkoliröschen.

Leichte Variante
Ersetzen Sie die Hälfte der angegebenen Sahne durch Milch.

Rand festdrücken, sodass sich der Teig nicht bewegen kann.

- Auf der mittleren Schiene des Ofens 10 Minuten backen, anschließend die Folie entfernen und weitere 10 Minuten backen lassen. (Keine Sorge, wenn sich der Teig anhebt – er wird beim Abkühlen wieder zurücksinken.)
- Während der Teig bäckt, den Speck in Streifen schneiden und in Öl goldbraun anbraten. Mit einer Gabel die Eier mit der Sahne schaumig schlagen. Die Hälfte des Käses einrühren und mit Salz und schwarzem Pfeffer abschmecken.
- Die Eiermasse auf den Teig gießen, anschließend den Speck sowie den restlichen Käse gleichmäßig darauf verteilen.
- Die Quiche vorsichtig zurück in den Ofen schieben und weitere 30 Minuten lang goldgelb ausbacken. Anschließend aus dem Ofen nehmen und 10 Minuten abkühlen lassen. Zum Schluss den überstehenden Rand, wenn gewünscht, mit einem scharfen Messer abschneiden.

Savoir vivre in Paris

Was gibt es in dieser Stadt nicht alles zu sehen! Wundervolle Museen, majestätische Alleen, herrliche Ziergärten, Flohmärkte und weltberühmte Monumente, die noch immer ihre ganz einzigartige Magie verströmen, selbst wenn man sie schon Millionen Mal zuvor auf Bildern gesehen hat. Einmal ein Sonnenbad an den sommerlichen Ufern der Seine nehmen und dabei für sich herausfinden, ob man das linke oder das rechte Ufer des Flusses bevorzugt, während man verblüfft den fantastischen Straßenkünstlern zusieht – das ist einfach eine Freude! Und natürlich befördert all das Bummeln entlang des Flusses und durch die Stadt den Appetit. Beim Genuss eines dicken Stücks warmer Quiche, beim Biss in ein mit köstlichem Käse belegtes Baguette oder beim Schlürfen einer Schale würziger Zwiebelsuppe kommt man der Einzigartigkeit dieser herrlichen Stadt ganz nah.

Französische Zwiebelsuppe

Das Geheimnis der Zubereitung einer wirklich authentischen französischen Zwiebelsuppe liegt im langsamen Garen der Zwiebeln auf kleiner Flamme, bis diese weich werden und karamellisieren. Die Käsebaguettes werden traditionellerweise mit Gruyère überbacken – doch man kann auch jeden anderen gut schmelzenden, dafür aber etwas günstigeren Hartkäse verwenden.

Das wird für 4 Portionen gebraucht:

2 EL Butter
2 EL Öl
700 g Zwiebeln,
  in dünne Scheiben geschnitten
2 Knoblauchzehen, fein gehackt
½ TL Zucker
1¼ l Fleisch- oder Gemüsebrühe
½ TL getrockneter Thymian
Salz und schwarzer Pfeffer

Für die Käsebaguettes:
Baguette,
  in dicke Scheiben geschnitten
(frisch) geriebener Käse

So wird's gemacht:
- Die Butter mit dem Öl in einem Topf erhitzen. Sobald die Butter schaumig wird, darin die Zwiebeln mit dem Knoblauch glasig anbraten. Dabei regelmäßig umrühren.
- Zucker einrühren und die Hitze auf ein Minimum reduzieren. Bei geschlossenem Deckel und gelegentlichem Umrühren alles so lange ziehen lassen, bis die Zwiebeln goldbraun sind und karamellisieren.
- Brühe und Thymian dazugeben. Mit Salz und schwarzem Pfeffer abschmecken und das Ganze 15 Minuten lang auf kleiner Flamme köcheln lassen.
- Für die Zubereitung der Käsebaguettes die Scheiben goldbraun rösten. Anschließend großzügig mit dem geriebenen Käse bestreuen und so lange unter den heißen Grill oder in einer feuerfesten Form in den Ofen geben, bis der Käse geschmolzen ist und beginnt, braun zu werden.

Noch eine Prise authentischer?

Geben Sie einen Schuss Rotwein zu den karamellisierten Zwiebeln und lassen Sie das Ganze ein paar Minuten lang ziehen, bis sich der Wein reduziert hat; erst dann die Brühe dazugießen.

Kochtipp

Lassen Sie sich Zeit beim Anbraten und Kochen der Zwiebeln, da diese leicht anbrennen.

Serviervorschlag

Füllen Sie die Suppe in tiefe Schalen statt flache Suppenteller und lassen Sie die Käsebaguettes darin schwimmen.

Fritten in Amsterdam

Frech und experimentierfreudig – in den Cafés an den Grachten von Amsterdam regiert das alternative Leben. Alles ist möglich in dieser lebendigen Kunstszene: Poesie und Pornografie, Theater und Akrobatik, Secondhand-Läden und flippige Boutiquen.
Leihen Sie sich am besten ein Fahrrad und radeln Sie an den Kanälen entlang durch den wilden Mix aus architektonischen Wunderwerken und Bogenbrücken.
Wer sein Wissen zu Rembrandt und van Gogh ausgiebig vertieft hat, füllt seine Energiereserven am besten mit einem der Fast-Food-Klassiker Amsterdams wieder auf: Fritten mit Erdnusssoße.

Eine der unzähligen Brücken von Amsterdam

Erdnusssoße

Ob löffelweise auf Fritten, als Marinade für gegrilltes Fleisch und Fisch oder aber als proteinreicher Dipp zu rohem Gemüse – entscheiden Sie selbst, wofür Sie die Erdnusssoße verwenden möchten!

Das wird für eine kleine Schale gebraucht:

3 EL weiche Erdnussbutter
2 TL Zitronensaft
1 TL flüssiger Honig
120 ml Mayonnaise
½ TL gemahlener Cayennepfeffer,
    wahlweise Chilipulver (nach Geschmack)
½ TL Paprikapulver
Salz

So wird's gemacht:

- Die Erdnussbutter mit dem Zitronensaft und dem Honig vermischen, anschließend die Mayonnaise, den Cayennepfeffer und das Paprikapulver unterrühren und mit Salz abschmecken.

Noch eine Prise authentischer?

Servieren Sie die Erdnusssoße zu selbst gemachten Fritten: Dazu mehlige Kartoffeln schälen, in Streifen schneiden und in Öl goldbraun (im Innern aber weich) frittieren oder – für Kalorienbewusste – im Ofen backen.

Kochtipp

Reichen Sie dazu Gemüsesticks, beispielsweise Sellerie, Gurke, Paprika oder Karotte.

Oktoberfest-Schmankerl aus München

Ab in die Lederhose oder das Dirndl und hoch die Mass Weißbier! Es ruft das größte Volksfest der Welt mit seiner besonderen Atmosphäre aus Paraden und Trachten, Jahrmarktsbuden und Bier, Achterbahnfahrten und Bier, ausgelassenem Schunkeln – und nochmals Bier!

Serviervorschlag

Reichen Sie Kartoffelsalat dazu. Hierfür die Kartoffeln weich kochen, würfeln und mit gleichen Teilen Mayonnaise und Naturjoghurt vermischen (so viel oder wenig, wie Sie mögen), alternativ auch mit Fleisch- oder Gemüsebrühe. Zum Schluss mit klein geschnittenen Frühlingszwiebeln bestreuen.

Volksfestschnitzel

Die beste Vorbereitung für das ausgelassene Partygetümmel ist ein Schweine-
schnitzel – man kann aber auch gut Puten- oder Hähnchenschnitzel verwen-
den. Wichtig aber ist in jedem Fall, dass das Fleisch ganz dünn geklopft wird.
Um Semmelbrösel selbst herzustellen reibt man einfach altes Brot oder kauft
ein Päckchen Brösel im Supermarkt oder in einer Bäckerei. Reichen Sie dazu
Kartoffelsalat und Brunnenkresse. Oder aber man belegt ein Brötchen mit dem
Schnitzel, einigen Tomatenscheiben, etwas grünem Salat und einem Schuss
Mayonnaise.

Das wird für 2 Stück gebraucht:
2 Schweinekoteletts von der Lende
ca. 100 g Semmelbrösel
abgeriebene Schale einer halben unbehandelten Zitrone
2 EL Mehl
1 mittelgroßes Ei
Salz und schwarzer Pfeffer
1,5 EL Butter
1 EL Öl

So wird's gemacht:
- Das Fett vom Fleisch abschneiden, anschließend die Schnitzel in Folie einschlagen und
  auf einem Schneidebrett mit einem Nudelholz oder einer Dosenseite (ganz egal, was sich
  gerade so im Vorratsschrank befindet: Kichererbsen, Tomaten ...) weich klopfen bzw. so lange
  plattieren, bis sie nur noch einen halben Zentimeter dick sind.
- Semmelbrösel mit der Zitronenschale in einer flachen Schüssel mischen. Ebenso das Mehl
  sowie das verquirlte Ei in separaten Schalen vorbereiten.
- Die Schnitzel mit Salz und schwarzem Pfeffer würzen und erst in das Mehl, anschließend in
  das Ei und schließlich in die Semmelbrösel tunken und wenden, bis sie komplett mit Panade
  bedeckt sind.
- Die Butter mit dem Öl in einer Pfanne erhitzen und darin auf mittlerer Hitze die Schnitzel auf
  jeder Seite anbraten. Die Panade soll goldbraun sein und das Fleisch gut durchgebraten.

Noch eine Prise
authentischer?

Beträufeln Sie das
fertige Schnitzel
mit frischem
Zitronensaft.

Die Trattorien der Gondolieri von Venedig

Wer das wahre Venedig erleben will, sollte die Menschenmassen hinter sich lassen und sich auf Erkundungstour durch die Gassen und Nebensträßchen dieser einzigartigen schwimmenden Stadt begeben. Begleitet vom Echo der eigenen Schritte und dem temperamentvollen Treiben, das aus so manch offenem Fenster hinunter zur Straße dringt, heißt es dann, geschickt entlang der unzähligen Kanäle zu navigieren. Verlaufen aber wird man sich garantiert – das gehört einfach dazu! Die zahllosen herrlich verschlafenen Plätze und nicht zuletzt die etwas abgelegenen ürsprünglichen Trattorien entschädigen aber mehr als genug, ehe es schließlich zurück in den lauten Trubel auf dem Markusplatz oder der Rialtobrücke geht.

Gondolieri in Venedig

Spaghetti Carbonara

Dieser Klassisker ist im besten Sinne «Fast Food» auf italienisch: schnell, lecker & unkompliziert.

Das wird für 2 Portionen gebraucht:

225 g Spaghetti (oder Tagliatelle)
150 g durchwachsener Speck, in Streifen geschnitten
1 EL Olivenöl (wahlweise ein anderes Öl)
2 große Eier
5 EL Sahne
50 g Parmesan, gerieben
Salz und reichlich schwarzer Pfeffer

So wird's gemacht:

- Wasser mit einem halben Teelöffel Salz in einem zu zwei Drittel gefüllten mittelgroßen Topf zum Kochen bringen.
- Die Pasta ins Wasser geben und, sobald sie weicher wird, mit einem Kochlöffel nachdrücken, sodass sie komplett im Wasser ist. Nach Packungsanleitung al dente kochen.
- Währenddessen den Speck in Olivenöl goldbraun und knusprig anbraten.
- Die Eier mit der Sahne schaumig schlagen, anschließend drei Viertel des Parmesans unterrühren und mit Salz abschmecken.
- Die fertige Pasta abgießen. Dabei aber ungefähr 1 Tasse Kochwasser aufbewahren. Anschließend die Pasta zurück in den Topf geben.
- Die Eier-Sahne-Mischung und 2 EL Pasta-Wasser dazugießen und alles sogleich gut und gleichmäßig verrühren, sodass die Eier nicht flocken. Es soll eine cremig glänzende Soße entstehen, welche die Pasta gut bedeckt. Eventuell noch etwas Kochwasser unterrühren.
- Zum Schluss den Speck dazugeben, mit reichlich schwarzem Pfeffer abschmecken und den restlichen Parmesan darüberstreuen.

Noch eine Prise authentischer?

Braten Sie mit dem Speck einige zerdrückte Knoblauchzehen mit.

Vegetarisch?

Einfach den Speck durch in dünne Scheiben geschnittene Champignons ersetzen.

Parmigiana di Melanzane

Servieren Sie diesen vegetarischen Auberginen-Auflauf mit Salat und Focaccia.

Das wird für 2 Portionen gebraucht:

1 feuerfeste Form (ca. 20 cm im Durchmesser)
1 große Aubergine,
  in 0,5 cm dicke Scheiben geschnitten
Olivenöl
1 kleine Zwiebel, in Würfel geschnitten
1 Knoblauchzehe, fein gehackt
400 g Tomaten, grob gewürfelt
2 EL Tomatenmark
1 TL Zucker oder Honig
eine kleine Handvoll frisches Basilikum,
  grob gehackt
25 g Parmesan, gerieben (ca. 6 EL)
1 Kugel Mozzarella, in Stücke geschnitten
Salz und schwarzer Pfeffer

Noch eine Prise authentischer?

Geben Sie einen halben Teelöffel getrockneten – oder besser noch frischen – Oregano in die Tomatensoße.

Wenig Zeit?
Verwenden Sie fertige Tomatensoße mit frischem Basilikum.

So wird's gemacht:

- Die Auberginenscheiben beidseitig mit etwas Olivenöl einreiben und leicht salzen.
- Eine Pfanne erhitzen und die Auberginen auf beiden Seiten so lange braten, bis sie fertig geschmort und weich sind. (Man benötigt kein extra Öl).
- Einige EL Olivenöl für die Soße in einem kleinen Topf erhitzen und darin die Zwiebel mit dem Knoblauch glasig braten. Tomatenstücke mit Tomatenmark und Zucker unterrühren. Mit Salz und Pfeffer abschmecken und 10 Minuten lang auf kleiner Flamme köcheln lassen. Anschließend das Basilikum dazugeben.
- Den Ofen auf 200 °C/Gasstufe 6 vorheizen.
- Den Boden einer feuerfesten Ofenform mit der Hälfte der Tomatensoße bedecken. Darauf die Hälfte der Auberginen überlappend arrangieren und mit jeweils der Hälfte des Parmesans und der Mozzarellastücke bestreuen. Den Rest in der gleichen Art darüberschichten – den Käse immer zum Schluss.
- Im vorgeheizten Ofen 30 bis 35 Minuten lang backen, bis das Gericht vor Hitze Blasen wirft und der Käse goldbraun ist.

Tapas zu Flamencoklängen

Für einen unverfälschten Blick auf das farbenfrohe Treiben eines ganz normalen spanischen Tages gibt es keinen besseren Ort als die lokale Bar am zentralen Platz. Vom geselligen Frühstück bis zum lärmenden Abendessen zu später Stunde bietet sich hier dem Beobachter ein wahrlich exzellentes Unterhaltungsprogramm. Man kann kleineren wie größeren Freundesgruppen dabei zusehen, wie sie sich bei dem einen oder anderen Teller Tapas und einer Cerveza (Bier) oder einem Copa de Vino (Glas Wein) wortreich über den neuesten Klatsch und Tratsch austauschen, untermalt vom Klang der Flamencoschritte, die auf dem Platz geübt werden. Eine Tapa kann dabei sowohl ein schlichter Teller Käse mit Oliven sein als auch ein komplexes Gericht wie beispielsweise ein gefüllter Tintenfisch oder Eier in einer Paprika-Tomaten-Soße mit scharfer Wurst. Sollte man allerdings besonders hungrig sein, empfiehlt es sich, eine größere «racion» zu bestellen.

Trujillo, Stadt voller Geschichte in der Region Extremadura

Kichererbsen mit Spinat und Pilzen auf Knoblauchbrot

Dieser wahre Tapas-Klassiker könnte kaum einfacher sein. Das Ganze auf getoastetem Knoblauchbrot serviert – schon steht einem stressfreien Abendessen auf dem Sofa nichts mehr im Wege!

Das wird für 2 Portionen gebraucht:

2 EL Olivenöl
1 kleine Zwiebel, gewürfelt
1 Knoblauchzehe, zerdrückt
ein Schuss Zitronensaft
½ TL Kreuzkümmel, gemahlen
½ TL Paprikapulver
  (besser noch: Pimentón de la Vera)
175 g frischer Spinat, gewaschen
  und grob gehackt (wahlweise tiefgefroren)
½ Becher Kichererbsen aus der Dose
100 ml Kichererbsenwasser aus der Dose

75 g Austernpilze oder
  braune Champignons,
  in dicke Scheiben geschnitten
Salz und schwarzer Pfeffer
dicke Scheiben knuspriges Brot
1 Knoblauchzehe
Olivenöl fürs Brot

So wird's gemacht:

- In einer Pfanne die Zwiebel mit dem Knoblauch in heißem Olivenöl glasig braten.
- Gewürze einrühren und einige Sekunden lang anbraten lassen, ehe der Spinat dazukommt.
- Sobald der Spinat in sich zusammenfällt, die Kichererbsen, das Kichererbsenwasser und die Pilze dazugeben.
- Mit der Rückseite eines Kochlöffels die Kichererbsen etwas zerdrücken und das Ganze einige Minuten lang ziehen lassen, bis sich die Flüssigkeit reduziert hat und die Pilze gar, aber noch bissfest sind.
- Einen guten Schuss Zitronensaft dazugeben und mit Salz und Pfeffer abschmecken.
- Das Brot toasten, auf einer Seite mit einer Knoblauchzehe einreiben und mit etwas Olivenöl beträufeln. Zum Schluss die Spinat-Kichererbsen-Masse darauf verteilen.

Noch eine Prise authentischer?

Belegen Sie das Ganze noch mit einigen hauchdünnen Scheiben Manchego – dieser Käse hat eine ganz eigene Würze.

Kochtipp

Wenn Sie es etwas deftiger mögen und sich nicht vegetarisch ernähren, braten Sie einfach noch einige Streifen Speck mit den Zwiebeln mit.

Piperrada mit Rührei

In Spanien isst man die Paprika-Tomaten-Soße Pipperada sehr gerne zu Rührei.
Für ein perfektes Rührei sollte die Pfanne kurz bevor die Eier fertig gebraten aussehen von der Flamme genommen werden, da sie bis zum Servieren in der heißen Pfanne weiterbraten und so locker bleiben.

Das wird für 2 Portionen gebraucht:

2 EL Olivenöl
1 mittelgroße Zwiebel, gewürfelt
½ grüne Paprika, in Würfel geschnitten
½ rote Paprika, in Würfel geschnitten
1 Knoblauchzehe, zerdrückt
1 TL Pimentón de la Vera
  (wahlweise Paprikapulver)
200 g Tomaten, grob gewürfelt
4 große Eier
1 TL Petersilie, gehackt (optional)
Salz und schwarzer Pfeffer

Noch eine Prise authentischer?

Reichen Sie Brot, Oliven und einige dicke Scheiben in Olivenöl knusprig gebratene Chorizo (ohne Pelle) dazu.

So wird's gemacht:

- Olivenöl in einer Pfanne erhitzen und darin die Zwiebel mit der Paprika und dem Knoblauch glasig braten.
- Pimentón de la Vera einrühren, einige Sekunden ziehen lassen, anschließend die Tomaten dazugeben.
- Mit Salz und Pfeffer abschmecken und 10 Minuten lang auf kleiner Flamme köcheln lassen, bis die Soße eindickt.
- Für das Rührei zunächst die Eier mit der Petersilie verquirlen und mit Salz und Pfeffer abschmecken.
- Ein großes Stück Butter in einer Pfanne schmelzen lassen.
- Die verquirlten Eier eingießen und konstant mit einem Kochlöffel verrühren, bis das Rührei fast fertig gebraten scheint. Sofort von der Flamme nehmen, kurz nachziehen lassen und mit großzügig Piperrada darauf auf den Tellern anrichten.

Kochtipp
Versuchen Sie diese Soße auch zu einem Omelett oder zu gegrilltem Fleisch!

Griechische Meze
in der Ägäis

Nichts rundet eine Interrail-Reise besser ab als das Erleben von Sonne und Meer beim Inselhopping durch die griechischen Gewässer. Das Tauchen im kristallklaren Wasser vor einsamen Stränden trifft hierbei auf die geheimnisvollen Überreste und Ruinen der zahllosen archäologischen Ausgrabungsstätten. Man wandert auf uralten Eselpfaden, stets begleitet vom Duft wilder Kräuter, durch abgelegene Gebirgslandschaften und strahlend weiße Dörfer, um sich anschließend an knackig heißen Zucchini-Feta-Talern mit Tsatsiki, an mit Zitronen gegrilltem Fleisch und Fisch, dicken Oliven, warmem Pitabrot und – natürlich – an einem original griechischen Bauernsalat zu laben.

Ein menschenleerer Strand auf den Ionischen Inseln

Zucchini-Feta-Taler

Diese Zucchiniküchlein kann man entweder einfach in Tsatsiki dippen oder zusammen mit Salatblättern, Tomaten und etwas Tsatsiki in getoastetem Pitabrot genießen.

Das wird für 8 Stück gebraucht:

1 mittelgroße Zucchini (ca. 175 g), grob geraspelt
1 kleines Ei
2 gehäufte EL Mehl
½ kleine Zwiebel, fein gehackt
50 g Fetakäse, in Stückchen
1 EL frische Minzeblätter (wahlweise Petersilie), gehackt
Salz und schwarzer Pfeffer
Öl zum Braten (bevorzugt Olivenöl)

Für das Tsatsiki
1 kleiner Becher griechischer Joghurt
2 EL Olivenöl
1 EL Zitronensaft
ein ca. 6 cm langes Stück Gurke, grob geraspelt
1 Knoblauchzehe, zerdrückt
1 TL Dill, gehackt (wahlweise Minze)
Salz und schwarzer Pfeffer

So wird's gemacht:
- Die geraspelte Zucchini in ein sauberes Küchenhandtuch oder ein Sieb geben und möglichst viel Wasser ausdrücken.
- Das Ei mit dem Mehl verquirlen.
- Die Zucchini mit der Zwiebel, dem Fetakäse sowie der Minze unterrühren und alles mit Salz und Pfeffer abschmecken.
- Einige EL Öl in einer Pfanne erhitzen und löffelweise die Masse hineingeben.
- Die Taler etwas mit einem Pfannenwender andrücken und einige Minuten auf beiden Seiten goldbraun und knusprig ausbraten.
- Für das Tsatsiki mit einer Gabel Joghurt mit Olivenöl verquirlen, anschließend Gurke sowie Dill unterrühren und mit Salz und Pfeffer abschmecken.

Noch eine Prise authentischer?

Reichen Sie eingelegte grüne Peperoni dazu (kann man in Gläsern kaufen).

Kochtipp
Drücken Sie möglichst viel Wasser aus den geraspelten Zucchini und verarbeiten Sie den Teig direkt nach der Zubereitung.

Inselhopping in der Ägäis

Griechischer Bauernsalat

Dieser typische Salat mit Fetakäse enthält quai alles, was ein griechischer Garten zu bieten hat.

Das wird für 2 Portionen gebraucht:

4 reife Tomaten, in große Stücke geschnitten
⅓ einer mittelgroßen Gurke, in Stücke geschnitten
½ kleine grüne Paprika, in dünne Scheiben geschnitten
einige dünne Scheiben rote Zwiebel
1 kleiner Romanasalat (oder 1 Salatherz),
   in dicke Scheiben geschnitten
125 g Fetakäse am Stück, halbiert
eine kleine Handvoll schwarze Oliven
Pitabrot, getoastet, zum Serviern

Für das Dressing:
2 EL Olivenöl
1,5 TL Zitronensaft
½ TL getrockneter Oregano
   (dazu noch etwas mehr zum Bestreuen)
Salz und schwarzer Pfeffer zum Abschmecken

So wird's gemacht:
- Die Zutaten für das Dressing mit einer Gabel in einem Becher gut verquirlen.
- In einer Schüssel die Tomatenstücke mit der Gurke, der Paprika sowie den roten Zwiebeln vermischen. Das Dressing dazugeben und alles gut vermengen.
- Den Romanasalat und darauf das angemachte Gemüse auf zwei Teller verteilen und mit den Oliven und Fetakäse anrichten.
- Zum Schluss etwas Oregano auf den Käse streuen.

Noch eine Prise authentischer?

Mischen Sie eine Handvoll Kapern unter den Salat.

Kochtipp

Servieren Sie dazu gegrillte Schweinekoteletts oder einen in Olivenöl, etwas Zitronensaft und Oregano gebratenen Fisch.

CARIBBEAN SEA

ATLANTIC OCEAN

Honduras
Nicaragua
Salvador
Managua
CostaRica
S.Jose
S.Juan
Limon
Colon
Panama
G. of Panama
Cocos I.
Galápagos
Tropic of Capricorn

Sabanilla
Cartagena
Medellin
Bogota
Popayan
Pasto
Quito
Chimborazo 20520
Guayaquil
Pta Pariña
Payta
Lobos I.
Lambayaque
Trujillo
Chimbote
Callao

VENEZUELA
COLOMBIA
ECUADOR
PERU

Caracas
Bolivar
Guayana
Orinoco
R.Parima
Cassiquiare
Isabel
Rio Negro
R.Napo
Loreto
R.Yapura
Tabatinga
Teffe
R.Javary
R.Jurua
R.Purus
R.Madeira

Curaçao
P.Cabello
La Guaira
Tobago (Br)
Trinidad (Br)
Orinoco
R.Esequibo
Georgetown
R.Corentyne
R. & R. Surinam
Paramaribo
Cayenne
Maroni
R.Oyapock
Maraca I.
R.Amazon
Marajo I.
Rio Para

St.Lucia (Br)
Barbados (B)

Monãos
Obidos
Santarem
Para
Viana
Maranhão

BRAZIL
BOLIVIA
PARAGUAY
ARGENTINE
CHILE
PATAGONIA

La Paz
Sucre
Potosi
Tariga
Arica
Tacna
Tarapaca
Iquique
Cobija
Mejillones
Antofagasta
Atacama
Taltal
S.Ambrosio
S.Felix
Caldera
Copiapo
La Serena & Coquimbo
Aconcagua 22.800
Juan Fernandez
Mas-a-Fuera
Valparaiso
Santiago
Talca
Talcahuana
Concepcion
Valdivia
Puerto Montt
Ancud
Chiloe
Chonos Arch
Taytac Pen
Wellington I.

Sta Cruz
Corumbu
Concepcion
Asuncion
Salta
Tucuman
Rioja
Cordova
Corrientes
Uruguayana
S.Fé
Mendoza
Rosario
Buenos Aires
La Plata
R.Colorado
R.Negro
Chubut
Rawson
Carmen de Patagones
G. of S.Matias
Bahia Blanca
Cumbre

Cuyaba
Goyaz
Minas Geraes
Diamantina
Ouro Preto
S.Paulo
Curitiba
Santos
Cananea
Paranagua
S.Francisco
Sta Catharina I. & Desterro
Porto Alegre
Rio Grande do Sul
Lagoa dos Patos
Laguna dos Patos
URUGUAY
Fray Bentos
Montevideo
Rio de la Plata
C. San Antonio
Mar del Plata
C. Corrientes

Theresina
Oeiras
Barra
Bahia & Todos Santos
Mintas
Belmonte
Porto Seguro
Rio Doce
Victoria
Rio Parahyba
Campos
Rio de Janeiro

Ceara
Fernando do Noronha
C. San Roque
Natal
Parahyba
Pernambuco
Maceio
Alagoas
R. S. Francisco

Trinidad (Brit)

SOUTH

ATLANTIC

OCEAN

Magellan's Str.
C. Pillar
Tierra del Fuego
C. Horn
Staten I.
C. Virgins
Falkland Is. (Brit)
Stanley
G. of St George
P. Desire
Santa Cruz
South Georgia (Brit)
Sandwich I.

SÜDAMERIKA: UNTERWEGS AUF ALTEN INKA-PFADEN

Die vielfältigen Landschaften der Anden, die sich einer riesigen Wirbelsäule aus Fels und Gestein gleich einmal der Länge nach durch den gesamten südamerikanischen Kontinent ziehen, prägen und formen die Küche der dort lebenden Menschen seit je her. Durch ein ausgeklügeltes Terassensystem hatten die Inka einst mühevoll das karge und raue Land urbar gemacht, sodass es möglich wurde, selbst in höchsten Lagen noch Getreide anzubauen und Landwirtschaft zu betreiben. Vor allem aber kultivierten sie die hier heimische Kartoffel in hunderten Formen und Farben – wobei sich jede einzelne Sorte durch ihre ganz eigene Konsistenz und ihren besonderen Geschmack auszeichnet. Noch heute ist die Kartoffel gewissermaßen die Königin der südamerikanischen Küche und auf die eine oder andere Art fester Bestandteil fast aller Gerichte. Doch auch Tomaten, Paprika, Chili, Mais und Bohnen – allesamt ebenso ursprünglich in Südamerika heimisch – spielen in der Küche des Kontinents eine wichtige Rolle, genauso wie die schon seit Jahrhunderten bekannten Vorzüge von Quinoa – einer Pflanze, die in Europa erst in den letzten Jahren Gourmets und Gesundheitsbewusste für sich entdeckt haben.

Vegetarier sollten sich kurz die Augen zuhalten, denn Meerschweinchen, Lamas und Alpakas sind traditionell fester Bestandteil der südamerikanischen Küche. Glücklicherweise aber brachten die spanischen Eroberer nicht nur ihre Essgewohnheiten mit, sondern auch Rinder, Schweine und Schafe. Allerdings muss man ehrlicherweise bedenken: Fleisch ist Fleisch, ob Lama oder Rind! Darüber hinaus importierten sie kistenweise Wein sowie all das Wissen, das man zum Weinanbau benötigt. Heute kann man in unzähligen Haciendas, Comedors und Bars die Früchte dieser Arbeit genießen. In jüngerer Vergangenheit bereicherten zudem chinesische Einwanderer die kulinarische Vielfalt Südamerikas. Diese einzigartige Kombination aus asiatischer und lokaler Küche bekommt man heute fast überall direkt aus dem heißen Wok serviert. Und um all diejenigen, die nach etwas Vertrautem suchen, kümmern sich die vielen italienischstämmigen Einwanderer mit ihrer Liebe zu Pasta und Pizza.

Überaus beliebte Snacks sind Empanadas, die sowohl mit süßen als auch mit herzhaften Füllungen angeboten werden, sowie Mais-Humitas (auch Tamales genannt). Beide Snacks sind jedoch in den seltensten Fällen fleischfrei – wie es in Südamerika insgesamt nicht immer leicht für Vegetarier ist. Fischesser haben es dank der enorm langen Küstenlinie deutlich einfacher und kosten typische Gerichte wie Ceviche (in Zitronensaft marinierter frischer Fisch, der mit Chili und Zwiebeln belegt wird). Allerdings sollte man die vielen Straßenbuden meiden oder nur empfohlene nutzen, denn Ceviche muss wirklich frisch sein – oder man versucht es kein zweites Mal!

Im Uhrzeigersinn von unten: Andenüberquerung auf der Travesía > in Chile; Bus auf einem alten Inkapfad; Straßenverkaufsstand in Kuba; in den Valles Calchaquíes in Argentinien; Cachi im Nordwesten Argentiniens

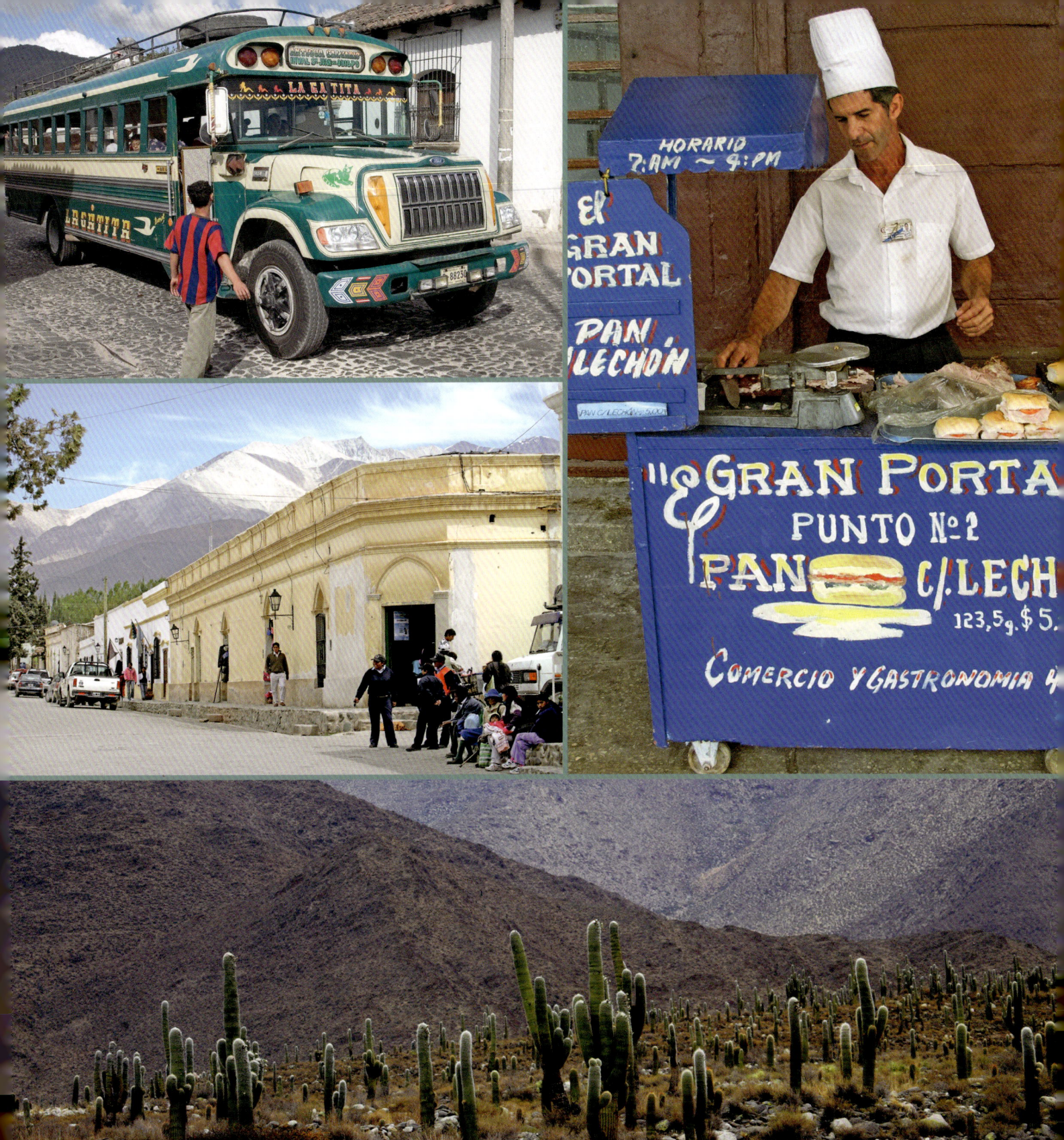

Der südamerikanische Vorratsschrank

Die Conquistadores sorgten dafür, dass spanische Aromen Einzug in die Vorratsschränke Südamerikas hielten und mit den dort heimischen Grundnahrungsmitteln wie Kartoffeln, Paprika, Chili und grünen Bohnen kombiniert wurden. Doch auch von den vielen anderen Klassikern Südamerikas – Mais (in Dosen oder tiefgefroren), Hülsenfrüchte aller Art sowie Dosentomaten in Stücken – sollte immer ein Vorrat vorhanden sein. Dann kann eigentlich nichts passieren.

Paprikapulver: am besten das etwas rauchige Pimentón de la Vera
Kreuzkümmel, gemahlen
Quinoa: Diese alte Kulturpflanze der Anden ist sehr proteinhaltig und kann wie Reis verwendet werden.
Oregano, getrocknet
Rotweinessig: Stattdessen kann man auch Zitronensaft oder Rotwein verwenden.
Chorizo: eine Räucherwurst, ähnlich der Salami
Oliven und Olivenöl
Erdnussbutter: vorzugsweise streichzart
Scharfe Soße: Tabasco ist immer nützlich!
Kräuter: frischer Koriander und frische Petersilie

Auf den Haciendas von Cuzco

Die alten Kopfsteinpflasterstraßen von Cuzco – wunderschön gelegen mitten in den Ruinen der legendären alten Inkahauptstadt – laden zu einer Verschnaufpause ein. Jedes der gemütlichen Cafés an der Plaza bietet die Gelegenheit, sich bei Mate de Coca, einem Tee aus Cocablättern, an die schwindelerregende Höhe der Region zu gewöhnen. So gestärkt geht es dann an friedlich vor der dramatischen Kulisse der majestätischen Andengipfel grasenden Vikunjas vorbei zu entlegenen und verschlafenen Dörfern, die am Markttag jedoch vor Menschen zu bersten drohen. Nachdem man hier mit den Einheimischen, die stolz ihre ausgefallenen Hüte tragen, um allerlei bunte Ponchos gefeilscht hat, kann man hervorragend bei Ceviche und einem Pisco Sour (ein typischer Cocktail der Gegend) entspannen. Und wer über einen robusten Magen sowie über die entsprechende Neugier verfügt, den locken ein Glas Maisbier und gebratene Meerschweinchen. Alle Wege und Inka-Pfade führen nach Machu Picchu. Und mit nichts ist es zu vergleichen, wenn man im Morgengrauen den Huayna Picchu bestiegen hat und am Tempel des Hohepriesters hoch oben zwischen den Wolken sitzend einmal einen Sonnenaufgang über dieser sagenumwobenen Ruinenstadt erlebt hat.

Hier, in der ursprünglichen Heimat von Kartoffel und Chili, werden das stärkehaltige Grundnahrungsmittel und sein feuriger Freund gern als Eintopf, zu Reisgerichten oder als peruanische Wokgerichte verarbeitet – idealer Kraftstoff nach langen Tagen unterwegs und kalten Nächten im Zelt.

Vikunjas grasen in Chile vor der mächtigen Bergkulisse

Kochtipp

Kaufen Sie Hühnergeschnetzeltes.
Das ist meist günstiger.

Vegetarisch?

Fleischlose «Hähnchenfilets» aus
Quorn können genauso gut verwendet werden wie in Würfel
geschnittener Butternut-Kürbis. Die
Kürbiswürfel sollten jedoch mit der
Zwiebel und der Paprika in den Topf
gegeben werden.

Arroz con Pollo

Reis mit Huhn ist genau das, was man nach einem langen Tag des Wanderns auf alten Inka-Pfaden zur Stärkung braucht.

Das wird für 2 Portionen gebraucht:

2 EL Olivenöl
1 mittelgroße Zwiebel, fein gehackt
½ rote Paprika, in Würfel geschnitten
1 Knoblauchzehe, fein gehackt
1 rote Chili, fein gehackt (optional)
250 g Hühnchenfleisch, in Würfel geschnitten
½ TL Kreuzkümmel, gemahlen
½ TL Paprikapulver
1 EL Tomatenmark
ein kleiner Bund Koriander, fein gehackt
½ Becher Paellareis, wahlweise jeder andere Rundkornreis
1 Becher Hühner- oder Gemüsebrühe
½ Becher Erbsen und Mais, gemischt
Salz und schwarzer Pfeffer

So wird's gemacht:
- In einem Topf (mit Deckel) die Zwiebeln in heißem Olivenöl mit Paprika, Knoblauch und Chili glasig anbraten.
- Das Hühnchenfleisch dazugeben und so lange weiterbraten, bis das Fleisch auf allen Seiten braun ist.
- Die Gewürze und den Reis einrühren und gut durcheinandermischen.
- Tomatenmark und Koriander dazugeben und mit der Brühe ablöschen.
- Die Erbsen mit dem Mais unterrühren, danach mit Salz und Pfeffer abschmecken.
- Das Ganze bei geschlossenem Deckel so lange auf kleiner Flamme köcheln lassen, bis die Brühe komplett aufgesaugt und das Fleisch durch ist.
- Alles im geschlossenen Topf 5 Minuten stehen lassen und vor dem Servieren mit einer Gabel etwas auflockern.

Noch eine Prise authentischer?

Verwenden Sie Bier statt der Brühe. Reichen Sie eine Tomatensalsa dazu. Mischen Sie hierfür einige Tomatenwürfel mit einer kleinen Handvoll fein gehackter roter Zwiebel, einem EL gehackter Petersilie sowie einem guten Schuss Zitronensaft.

Lomo saltado: Peruanisches Pfannengericht mit Rindfleisch

In den beliebten «Chiffas», kantinenartigen Cafés, wird diese geglückte Kombination aus klassisch chinesischer Küche mit peruanischem Einschlag gerne serviert. Sogar in den Wok hat die Kartoffel ihren Weg gefunden! Es ist ganz normal, dass man hierzu eine große Portion Reis als Beilage serviert bekommt – nach einem langen Wandertag also genau das Richtige. Will man aber vermeiden, dass man sich daheim um die zugelegten Speckröllchen kümmern muss, sollte man entweder nur die Kartoffeln oder den Reis essen. Wenn das Konto eher leer ist, kann man die Steaks gut durch Frankfurter oder Wiener Würstchen ersetzen, die man einfach in Rädchen schneidet.

Das wird für 2 Portionen gebraucht:

2 mittelgroße Kartoffeln, geschält,
  der Länge nach halbiert und in Scheiben geschnitten
Öl zum Braten
1 kleine rote Zwiebel, in dünne Scheiben geschnitten
2 Knoblauchzehen, fein gehackt
2 mittelgroße Rindersteaks,
  gesalzen und in 1 cm dicke Streifen geschnitten
2 mittelgroße Tomaten, halbiert,
  entkernt und in 1 cm dicke Streifen geschnitten
1 rote Chili, der Länge nach
  in dünne Streifen geschnitten
1 EL dunkle Sojasoße
1,5 TL Rotweinessig
eine kleine Handvoll frische Petersilie,
  fein gehackt
Salz und schwarzer Pfeffer

Noch eine Prise authentischer?

Geben Sie noch einen guten Esslöffel Pisco (ein peruanischer Traubenmost), Tequila oder Bier zusammen mit der Sojasoße dazu. Reichlich Tabascosoße rundet das Ganze erst wirklich ab!

Kochtipp

Verwenden Sie Steaks. Die sind in der Regel von guter Qualität und gehen recht schnell. Achten Sie aber darauf, diese nicht zu lange zu braten, da sie sonst zäh werden.

Vegetarisch?

Nehmen Sie entweder Steaks aus dem fleischfreien Quorn oder vegetarische Würstchen.

So wird's gemacht:

- Öl in einer Pfanne erhitzen, die Kartoffeln nebeneinander in die Pfanne legen und außen goldbraun sautieren. Anschließend die Kartoffeln in eine Schüssel geben und mit einem Teller abdecken, damit sie warm bleiben.
- Einen weiteren EL Öl in die Pfanne geben und darin die Zwiebeln mit dem Knoblauch glasig braten.
- Anschließend das Fleisch kurz auf allen Seiten braun anbraten.
- Die Tomaten mit dem Chili dazugeben und ca. eine Minute braten, nun die Petersilie dazugeben und mit der Sojasoße sowie dem Essig ablöschen.
- Mit Salz und schwarzem Pfeffer abschmecken und einige Sekunden lang weiterbraten, bis sich die Flüssigkeit reduziert hat.
- Das Ganze auf Tellern anrichten und ganz zum Schluss mit den noch warmen Kartoffeln servieren.

Sopa de mani

Diese Erdnuss-Kartoffel-Suppe aus den Anden ist das perfekte Gericht bei Heißhungerattacken. Sie wird mit dem Besten von Plato Paceño zubereitet, einem typischen bolivianischen Gericht aus gekochten und mit Butter bestrichenen Maiskolben sowie in Olivenöl goldbraun gebratenem Käse.

Das wird für 4 große Portionen gebraucht:
2 EL Öl
1 mittelgroße Zwiebel, fein gehackt
2 Knoblauchzehen, fein gehackt
2 mittelgroße Kartoffeln, mehlig kochend (ca. 560 g),
   geschält und in Würfel geschnitten
1 TL Kreuzkümmel, gemahlen
1 TL getrockneter Oregano
600 ml Gemüsebrühe
1 mittelgroße Karotte, in kleine Würfel geschnitten
½ rote oder grüne Paprika, in Würfel geschnitten
eine Handvoll Buschbohnen,
   in erbsengroße Stücke geschnitten
200 ml Milch
4 EL streichzarte Erdnussbutter,
   mit etwas Wasser verdünnt
1 gehäufter EL frische Petersilie oder Koriander,
   fein gehackt
Salz und schwarzer Pfeffer

Noch eine Prise authentischer?

Ein Löffel Llajhua (eine scharfe Paste, die in Bolivien zu fast jedem Gericht gegessen wird) gibt dieser Suppe erst den letzten Schliff. Um Llajhua selbst zuzubereiten, mischt man 150 g Dosentomaten mit einem EL Olivenöl und etwas Salz im Mixer und schmeckt mit fein gehackten Zwiebeln, Chili und frischem Koriander ab.

Kochtipp
Bereiten Sie am besten einen großen Topf Suppe für Sie und Ihre Freunde zu. Und das, was übrigbleibt, wird einfach eingefroren.

So wird's gemacht:

- In einem Topf die Zwiebeln mit dem Knoblauch in heißem Öl glasig braten.
- Kartoffeln dazugeben und so lange braten, bis diese beginnen, weich zu werden.
- Kreuzkümmel und Oregano unterrühren und alles kurz ziehen lassen. Anschließend mit der Brühe ablöschen.
- Das Ganze bei geschlossenem Deckel auf kleiner Flamme so lange köcheln lassen, bis die Kartoffeln weich sind und auseinanderfallen.
- Die Kartoffeln mit einem Kartoffelstampfer oder einer Gabel etwas zerdrücken. Anschließend Karotten, Paprika und Bohnen zusammen mit der Milch sowie der verdünnten Erdnussbutter unterrühren.
- Mit Salz und schwarzem Pfeffer abschmecken und alles so lange auf kleiner Flamme ziehen lassen, bis das Gemüse durchgegart ist.
- Die Suppe in Suppenschalen anrichten und mit der gehackten Petersilie (wahlweise Koriander) bestreuen.

Ausgedehnte Mittagessen in den Comedors Boliviens

Bolivien ist ein Land der Superlative. So trägt La Paz den Titel «höchstgelegene Hauptstadt» der Welt (wenngleich La Paz zwar Regierungssitz, Sucre aber Boliviens offizielle Hauptstadt ist), und das zur Kolonialzeit gegründete Potosí gilt sogar als eine der höchstgelegenen Großstädte überhaupt. Mit dem glasklaren Titicacasee, einschließlich seiner geheimnisvollen bewohnten schwimmenden Schilfinseln, zählt das höchste kommerziell schiffbare Gewässer ebenso zu den Rekordhaltern des Landes wie die blendend weiße Landschaft des Salar de Uyuni, die nicht nur die weltgrößte Salzpfanne, sondern auch die offiziell flachste Gegend der Erde ist. Und wer einmal eine tollkühne Abfahrt entlang der Yungas-Straße mit dem Mountainbike heil überstanden hat, kann sich rühmen, die gefährlichste Straße der Welt überlebt zu haben.

Alle Rekorde in Bolivien aber werden nebensächlich, wenn es um ein ausgedehntes, geruhsames Mittagessen geht. Auf eine herzhafte Suppe folgt dabei eigentlich immer ein Plato Paceño – eine Gemüsespezialität aus Maiskolben, gebratenem Kuhmilchkäse und Kartoffeln. Fleischliebhaber wiederum kommen beim bekannten bolivianischen Pique Macho, einem wahren Berg an gebratenem Steak und Würsten, auf ihre Kosten.

Quinoa-Bohnen-Eintopf

Dieses vollwertige Abendessen ist reich an Proteinen. Und am besten schmeckt es bestreut mit etwas Feta oder einem geriebenen Käse der Wahl.

Das wird für 2 Portionen gebraucht:

½ Becher Quinoa
2 EL Olivenöl (wahlweise ein anderes Öl)
1 kleine Zwiebel, in Würfel geschnitten
1 Knoblauchzehe, fein gehackt
1 Stangensellerie, in Würfel geschnitten
½ rote Paprika, in Würfel geschnitten
eine Handvoll Süßkartoffeln (wahlweise
   normale Kartoffeln), in Würfel geschnitten
1 TL Paprikapulver
½ TL Kreuzkümmel, gemahlen
Chilipulver zum Abschmecken
100 g Mais aus der Dose
   (wahlweise tiefgefrorener Mais)
200 g Limabohnen, Kichererbsen
   oder Kidneybohnen aus der Dose
200 g Tomaten in Stücken
   (frisch oder aus der Dose)
100 ml Wasser
eine kleine Handvoll Petersilie, gehackt
Salz und schwarzer Pfeffer

Schmales Budget?

Sollte Ihnen Quinoa zu teuer sein, können Sie stattdessen auch gekochten Naturreis verwenden.

Noch eine Prise authentischer?

Geben Sie zusammen mit der gehackten Petersilie noch eine kleine Handvoll entsteinte und grob gehackte Oliven dazu.

So wird's gemacht:

- Quinoa mit einem Becher kaltem Wasser in einem kleinen Topf aufkochen und anschließend bei geschlossenem Deckel auf kleiner Flamme ziehen lassen, bis das gesamte Wasser aufgesaugt ist. Der Vorgang sollte ca. 10 bis 15 Minuten dauern. Danach das Ganze vom Herd nehmen und weitere 10 Minuten mit abgedecktem Topf nachziehen lassen, ehe alles mit einer Gabel etwas aufgelockert wird.
- In einem anderen Topf die Zwiebel mit dem Knoblauch in heißem Öl glasig braten.
- Sellerie, Paprika und Süßkartoffeln dazugeben und so lange braten, bis alles fast durchgegart ist.
- Unter stetem Rühren das Paprikapulver mit dem Kreuzkümmel und dem Chilipulver zugeben und gut vermengen.
- Mais, Bohnen und Tomaten zusammen mit dem Wasser einrühren.
- Alles auf kleiner Flamme bei geschlossenem Deckel weich garen.
- Petersilie dazugeben und mit Salz und Pfeffer abschmecken. Anschließend das Ganze ca. 5 Minuten auf kleiner Flamme weiterköcheln.
- Die Quinoa in einer Schüssel anrichten und den Eintopf darüberlöffeln. Zum Schluss mit etwas Käse (am besten Feta) bestreuen.

Das Menü des Tages in der Atacama

In der an ein Gemälde von Salvador Dalí erinnernden surreal schönen Landschaft der Atacama kann man sich vollkommen verlieren … Dampfende Geysire, brodelnde Schlammtümpel, winddurchwehte Salzebenen, in denen rosa Flamingos in schimmernden Lagunen umhertippeln, schwindelerregende Vulkane und der unvergessliche Anblick, wenn die Strahlen der Sonne die von den Elementen geformten monolithischen Dünen- und Steinformationen ins schönste Licht tauchen, prägen dieses einmalige Stück Erde. Und zum Picknick gibt's einen typischen chilenischen Completo – einen mit allerlei Zutaten reichlich belegten Hot Dog – sowie Eiertortillas.

Im winzigen Oasenstädtchen San Pedro de Atacama heißt es dann, die staubigen Nebenstraßen mit ihren Lehmhäuschen nach einem lokalen Comedor abzuklappern, um dort eines der jeweiligen Tagesmenüs zu versuchen, das selbst mit einem Glas chilenischen Wein preislich nicht zu schlagen ist.

Im imposanten Valle de la Luna, Atacama >

Tortilla mit Paprika, Kartoffeln und Chorizo

Bei der Tortillafüllung haben Sie freies Spiel: So können Sie beispielsweise die Chorizo durch Speckstreifen oder die normalen Kartoffeln durch Süßkartoffeln ersetzen. Und auch geriebener Käse passt gut dazu. Die Tortilla kann entweder heiß oder kalt, als einzelnes Gericht oder zusammen mit einem Salat gegessen werden.

Das wird für 2 Portionen gebraucht:

2 EL Olivenöl (wahlweise ein anderes Öl),
   dazu etwas zum Anbraten
1 kleine Zwiebel, in dünne Scheiben geschnitten
1 Knoblauchzehe, fein gehackt
1 mittelgroße mehlig kochende Kartoffel, geschält,
   halbiert und in sehr dünne Scheiben geschnitten
½ rote Paprika, in dünne Scheiben geschnitten
8 Scheiben Chorizo, geviertelt
½ TL Paprikapulver
4 große Eier
1 EL Milch
1 EL Petersilie oder Koriander,
   fein gehackt (optional)
Salz und schwarzer Pfeffer

So wird's gemacht:
- In einer Pfanne die Zwiebeln mit dem Knoblauch
  in heißem Öl glasig braten.
- Kartoffel und Paprika dazugeben und weich garen.
- Chorizo und Paprikapulver unterrühren. Das Ganze ca. eine Minute
  lang ziehen lassen und anschließend auf einen Teller geben.
- In einer großen Schüssel die Eier mit der Milch verquirlen und mit Salz
  und Pfeffer abschmecken. Danach die Chorizo-Gemüse-Mischung sowie
  die gehackte Petersilie einrühren und alles gut vermengen.
- Das alte Öl aus der Pfanne tupfen und anschließend etwas frisches Öl richtig stark erhitzen.
- Die Eiermasse eingießen und auf kleinerer Flamme so lange braten, bis die Tortilla unten
  goldbraun und innen gerade so durch ist.
- Zum Wenden der Tortilla einen großen Teller über die Pfanne halten und die Tortilla darauf
  stürzen.
- Nochmals etwas Öl erhitzen und die Tortilla zurück in die Pfanne gleiten lassen.
- Auch die andere Seite goldbraun braten, anschließend die Pfanne von der Flamme nehmen
  und die Tortilla einige Minuten lang nachziehen lassen. Zum Schluss in Spalten schneiden.

Noch eine Prise authentischer?

Geben Sie zu der Chorizo noch einige kleine Garnelen von guter Qualität dazu.

Vegetarisch?
Einfach die Chorizo weglassen und eine kleine Handvoll frisch geriebenen Käse in die Eiermasse geben.

El Completo

Einen originalen Completo, Chiles beliebten und randvoll mit Avocadostücken, Tomaten und Mayonnaise gefüllten Hot Dog, richtig zuzubereiten, das ist eine wahre Kunst.

Das wird für 2 Stück gebraucht:

2 große Frankfurter Würstchen
1 große reife Avocado, in Würfel geschnitten
2 mittelgroße Tomaten, in Würfel geschnitten
2 Frühlingszwiebeln, in dünne Scheiben geschnitten
2 große Hot Dog-Brötchen
Senf zum Abschmecken
2 EL Mayonnaise
etwas Petersilie, gehackt (optional)
Salz und schwarzer Pfeffer

Vegetarisch?
Verwenden Sie einfach vegetarische Würstchen.

So wird's gemacht:
- In leicht kochendem Wasser die Frankfurter Würstchen auf kleiner Flamme 10 Minuten lang köcheln lassen. Dabei das Wasser nicht zu sehr aufkochen, da sonst die Würstchen platzen können.
- Die Avocadowürfel etwas mit einer Gabel zerdrücken und anschließend mit den Tomatenstücken und der Hälfte der Frühlingszwiebeln verrühren. Mit Salz und Pfeffer abschmecken.
- Die Brötchen der Länge nach aufschneiden und mit Senf bestreichen.
- Die Würstchen in die Brötchen legen, anschließend mit reichlich Avocadomasse und Mayonnaise bedecken.
- Zum Schluss mit den restlichen Frühlingszwiebeln sowie der Petersilie bestreuen.

Noch eine Prise authentischer?

Geben Sie einen guten Schuss Tabasco- oder Chilisoße in die Avocadomasse. Und zum Schluss – als Krönung – noch etwas Sauerkraut auf den Completo!

Tango und Steak in Argentinien

Nach eindrucksvollen Reisetagen in den unendlichen Weiten Argentiniens – mit seinen in allen Farben des Regenbogens schimmernden Felsschluchten, den sich stetig verändernden Gletscherseen und kakteenbedeckten Wüsten, seinen üppigen Urwäldern, tosenden Wasserfällen und beeindruckenden Andengipfeln – wird es irgendwann wieder Zeit, sich chic zu machen und sich ins rastlos pulsierende Stadt- und rege Kulturleben von Buenos Aires zu stürzen – immer umgeben von wehmütigen Tangoklängen.

Kulinarisch lässt man sich am besten von den argentinischen Gauchos leiten und schlürft zunächst etwas Yerba-Mate-Tee aus einem ausgehöhlten und kunstvoll verzierten Kürbis, um sich anschließend bei einem Asado, dem traditionellen argentinischen Grillanlass, ein saftiges, auf Holzkohle gegrilltes Steak zu gönnen. In Argentinien sind Steaks Grundnahrungsmittel und so günstig wie andernorts Pommes frites. Vegetarier können in einem Teller erstklassiger Pasta Trost finden, einem Erbe der zahlreichen italienischen Siedler.

Das perfekte Steak

In einer echten argentinischen Parilla, dem typischen Fleischlokal, wird mit absoluter Meisterschaft jede nur erdenkliche Art Rindfleisch auf Holzkohle in Perfektion gegrillt.

Ich weiß: Steak ist teuer! Wenn man das Geld jedoch ab und an investiert, sollte man wenigstens versuchen, beim Zubereiten des Fleisches alles richtig zu machen.

Das Wichtigste dabei ist das Timing: Binnen Minuten kann man ein Steak vollständig ruinieren! Daher sollte man sich sehr genau an die folgende Anleitung halten, um ein richtig perfektes Steak zu erhalten, zu dem anschließend, ganz wie in Argentinien, am besten eine Menge Chimichurri, die typische Soße, gereicht wird.

Das folgende Rezept ist für ein Steak der Garstufe «medium rare», d.h. innen soll das Fleisch rosa bis rot sein, außen aber eine bräunliche Kruste haben. Sie mögen Ihr Steak lieber «englisch» (rare)? Dann reduzieren Sie die angegebene Garzeit pro Seite um jeweils eine halbe Minute. Soll es wiederum «medium» sein, geben Sie einfach je eine halbe Minute dazu. Wer mehr als ein Steak gleichzeitig braten will, sollte darauf achten, die Pfanne nicht zu überladen.

Das wird gebraucht:

1 Steak (Raumtemperatur, ca. 2 cm dick)
Oliven- oder Sonnenblumenöl
Salz und schwarzer Pfeffer

So wird's gemacht:

- Das Steak mit etwas Öl einreiben oder -bürsten.
- Eine schwere Pfanne (oder eine Grillpfanne, sollte man eine solche glücklicherweise sein Eigen nennen) auf mittlerer Hitze vollständig erhitzen.
- Das Steak großzügig mit Salz und schwarzem Pfeffer würzen und direkt in die heiße Pfanne geben.
- Das Steak mit einem Pfannenwender in die Pfanne drücken und genau 2 Minuten braten. Das Fleisch wenden und nochmals exakt 2 Minuten braten. Achten Sie bitte genau auf die Zeit!
- Das Steak aus der Pfanne nehmen und 3 Minuten ruhen lassen – also noch nicht schneiden! Das Warten lohnt sich!

Kochtipp

Verwenden Sie Rumpsteak. Es hat eine festere Textur als Rinderfilet oder Entrecôte, ist zudem preiswerter und gleichzeitig voller Geschmack. Achten Sie beim Fleischkauf darauf, dass das Steak eine schöne Fettmarmorierung (feine Flecken) aufweist.

Noch eine Prise authentischer?

Reichen Sie Backofenkartoffeln, einen Salat und Chimichurri dazu. Um diese typische Steaksoße herzustellen, mischt man eine kleine Handvoll fein gehackte Petersilie mit einem Esslöffel geraspelter Zwiebel, einer zerdrückten Knoblauchzehe und einigen Esslöffeln Olivenöl sowie Rotweinessig (wahlweise Zitronensaft). Zum Schluss mit Chilipulver, Salz und schwarzem Pfeffer abschmecken.

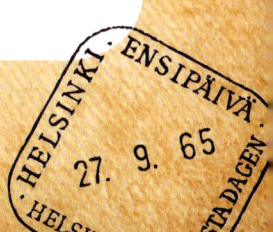

Pasta mit Tuco

Mit dieser traditionellen Tomatensoße kann man einfach jede Pasta verfeinern. Die Zubereitungszeit der Pasta hängt dabei von der Nudelsorte ab, die man wählt – am besten sind Spaghetti oder Penne. Folgen Sie einfach der Anleitung auf der Packung und werfen Sie einen Blick in die Kochtipps für Pasta am Anfang des Buches.

Das wird für 2 Portionen gebraucht:

2 EL Olivenöl
1 kleine rote Zwiebel, geraspelt
½ Paprika (egal welche Farbe), geraspelt
1 Knoblauchzehe, geraspelt
½ TL Paprikapulver
400 g Tomatenstücke aus der Dose
2 EL Tomatenmark
½ TL getrockneter Oregano

2 Lorbeerblätter
½ TL brauner Zucker,
 wahlweise Honig
 einige Blätter frisches Basilikum
Salz und schwarzer Pfeffer
gekochte Pasta Ihrer Wahl
Parmesan, frisch gerieben,
 zum Anrichten

So wird's gemacht:

→ In einem Topf die Zwiebeln mit der Paprika und dem Knoblauch kurz in heißem Olivenöl anbraten.
→ Paprikapulver unterrühren und alles einige Sekunden lang braten lassen. Anschließend die Tomatenstücke mit Tomatenmark, Oregano sowie Zucker oder Honig dazugeben.
→ So lange rühren, bis sich das Tomatenmark aufgelöst hat; anschließend das Ganze bei geschlossenem Deckel auf kleiner Flamme köcheln lassen, sodass eine schöne ölige und reduzierte Soße entsteht.
→ Das Basilikum dazugeben und mit Salz und Pfeffer abschmecken.
→ Großzügig die Soße über die gekochte Pasta der Wahl geben und mit frisch geriebenem Parmesan anrichten.

Noch eine Prise authentischer?

Geben Sie mit dem Paprikapulver noch großzügig Chiliflocken dazu.

Kochtipp

Variieren Sie Ihr Tuco ganz nach Belieben: Kombinieren Sie einige in Scheiben geschnittene Champignons, gewürfelte Auberginen oder frischen Spinat mit eigenen Ideen!

AFRIKA: WEITES LAND UND WILDE TIERE

In ganz Afrika gehört es zum Lebensstil, draußen in den scheinbar unendlichen Weiten zu kochen. Die kulinarische Vielfalt reicht dabei von den Eintöpfen der Jäger und Sammler, die aus Bohnen, Wurzelgemüse und Fleisch bestehen und in großen Töpfen auf offenen Feuern mitten im Busch gekocht werden, bis zu einem aufwendigen Braai, der südafrikanischen Variante des Barbecue. Letzteres wird gerne am Wochenende in den «Burbs», den Vororten, mit reichlich Bier genossen.

Afrikas Geschichte bildete eine Küche der großen Kontraste heraus, in welcher sich die Traditionen der indigenen Völker mit Einflüssen der kolonialen Eroberer und exotischen Händler mischte. Und so kann die heutige afrikanische Küche sowohl schlichte und einfache Nahrung als auch reich an Gewürzen aller Art sein.

< Im Uhrzeigersinn von oben links:
An einem der weiten Strände von Sansibar; die majestätischen Viktoriafälle in Sambia; tanzende Krieger
der Samburu in Ostafrika; ein Pilaw (Rezept auf Seite 80) in Stone Town, Sansibar; Elefant im South
Luangwa National Park, Sambia

Ein Brei aus Maismehl, das typische kohlenhydratreiche Grundnahrungsmittel vieler Afrikaner, wird entweder dünn und mit Zucker bestreut zum Frühstück gegessen oder in der Konsistenz von Kartoffelpüree mit einer Portion Gemüse- bzw. Fleischeintopf als Mittag- oder Abendessen serviert. Die Bezeichnungen des Breis variieren dabei von Land zu Land (Mealie meal, Ugali, Nshima oder Sadza), und manches Mal bildet nicht Mais-, sondern Hirse- oder Maniokmehl die Grundlage der Zubereitung. Das Gericht aber bleibt im Großen und Ganzen stets das Gleiche. Wer einmal eine Nacht in einem Dorf der Massai verbringen kann, kommt der ursprünglichen Variante schon sehr, sehr nahe. Und haben auch noch Termiten und Grashüpfer Saison, kann es durchaus sein, dass sie als Ergänzung im Topf landen.

Rinder und Schafe wurden durch die kolonialen Siedler importiert, genau wie deren Leidenschaft für Gegrilltes und Trockenfleisch, sogenanntes «Biltong». Die afrikanische Küche ist ganz unverhohlen fleischlastig, und so steht auch Wild oft auf dem Speiseplan. Es kann einem also passieren, dass man gerade noch einen Kudu oder Strauß auf einer Safari fotografierte, um ihn kurz darauf zum Abendessen serviert zu bekommen. Für Vegetarier ist der Kontinent nicht das einfachste Reiseziel – aber überall dort, wo es eine größere indische Gemeinschaft gibt, retten ein leckeres Gemüsecurry und scharfe Snacks den Hungrigen.

Abseits der Feinschmeckerraffinesse urbaner Cafés und Restaurants in Südafrika sowie der Gourmetträume aus frischen Meeresfrüchten, Kokosnuss und Currys auf Sansibar sind die kulinarischen Höhepunkte auf einem Überlandtrip durch Afrika rar gesät. Wenn man aber weiß, wo man nach ihnen suchen muss, kann man dennoch so manchen Leckerbissen entlang des Weges entdecken. So lohnt es sich beispielsweise, in den Kleinstädten Namibias nach deutschen Bäckereien Ausschau zu halten, die zu Brötchen, Teigtaschen und Feingebäck stets eine Tasse dampfenden, stark gebrühten Kaffee servieren. Manch vollwertiger Eintopf steht auf den Karten der kleinen Cafés vor Ort, und auch das Bier ist nicht schlecht. Die lokalen Brauereien produzieren ein untergäriges Bier, das nach einem staubigen Tag auf den Straßen abends am Lagerfeuer ein idealer Durstlöscher ist.

Der afrikanische Vorratsschrank

Afrikanische Zutaten sind in der Regel ziemlich einfach und unkompliziert. Außer Knoblauch, Ingwer und Chili sind ein Glas süßes Chutney sowie einige besondere Gewürze alles, was man braucht. Die Gewürze wiederum kann man recht leicht in Supermärkten oder afrikanischen und asiatischen Lebensmittelläden finden.

Currypulver: Einige Currypulver sind besser als andere. Lesen Sie am besten die Zutatenliste – das mit den meisten Einzelgewürzen sollten Sie nehmen. Currypulver gibt es von mild bis scharf; eine mittlere Schärfe ist die sicherste Variante.

Mixed Spice: Diese typisch britische Gewürzmischung wird oft zum Backen verwendet. Die dominierenden Zutaten sind dabei Zimt, Muskat sowie Piment, was auch die klassischen Gewürze eines namibischen Potje sind. Mixed Spice kann man leicht selbst herstellen: Mischen Sie dazu 1 EL gemahlenen Piment mit 1 EL gemahlenem Zimt, 1 EL gemahlenem Muskat, 2 TL gemahlener Muskatblüte, 1 TL Nelkenpulver, 1 TL Korianderpulver und 1 TL gemahlenem Ingwer.

Garam Masala: Diese Gewürzmischung beinhaltet normalerweise Nelken, Kreuzkümmel, Zimt, Kardamom und schwarzen Pfeffer und verleiht jedem Gericht im Nu eine aromatische Würze.

Lorbeerblätter

Dosentomaten und Tomatenmark

Chutney: Oft wird ein Löffel würzig-süßes Chutney in Gerichte gegeben – am besten funktionieren Mango-, Apfel- und Aprikosenchutneys.

Reis: Typischerweise wird langkörniger weißer Reis gegessen, aber es geht auch Naturreis.

Schlemmen am Fuße des Tafelbergs

Das kosmopolitische Kapstadt vermag auf vielfache Weise durchzuschütteln. Quietschend und scheppernd bahnt sich die Seilbahn ihren Weg hinauf auf den Tafelberg und bietet dabei manch atemberaubenden Ausblick, der zum Schwelgen und Träumen einlädt. Der Weg zurück in die Stadt führt über einen felsigen Pfad und gerät leicht zur ausgedehnten Wanderung. Mutigen aber steht auch die einmalige Möglichkeit offen, sich in die Tiefe abzuseilen. Typische Karate-Water-Cocktails ebnen den Weg zu einer langen Nacht auf der Long Street – oder aber man entscheidet sich für einen der goldgelben Sandstrände von Kapstadt und wird Teil der coolen Surfszene. Unerschrockene wagen einen Tauchgang mit Haien – eine ganz und gar einzigartige Erfahrung. Doch auch die am Kap umherwatschelnden frechen Brillenpinguine vermögen für Gänsehaut zu sorgen. Erschüttert und ergriffen hingegen ist man beim Besuch der Gefängniszelle von Nelson Mandela auf Robben Island – ein Ort der eindringlichen Erinnerung an die konfliktreiche Vergangenheit Südafrikas. Die Esskultur erlebt man am besten als Gast bei einer einheimischen Familie zu Hause – hierbei wird deutlich, wie die Zuwanderung aus unterschiedlichen Kulturkreisen die südafrikanische Küche beeinflusst hat.

Blick auf Kapstadt vom Tafelberg aus

Bobotie

Dieses in Südafrika äußerst beliebte Gericht hat seinen Ursprung in der indonesischen Küche und gelangte schon im 17. Jahrhundert in die Kapregion. Es wird mit Kurkumareis sowie dicken Tomatenscheiben serviert und ist ein ideales Gericht, um eine größere Gruppe an Gästen zu verköstigen.

Das wird für 2 Portionen gebraucht:

eine kleine feuerfeste Ofenform
1 dicke Scheibe Weißbrot
150 ml Vollmilch
1,5 TL Öl
250 g Rinderhack
1 EL Butter
1 kleine Zwiebel, in Würfel geschnitten
1 Knoblauchzehe, zerdrückt
1 gehäufter TL mittelscharfes Currypulver
½ TL Mixed Herbs (Kräutermischung aus Majoran,
    Thymian, Basilikum und Oregano)
1 EL Mangochutney
1 EL Rosinen
1 großes Ei
Salz und schwarzer Pfeffer

Noch eine Prise authentischer?

Legen Sie direkt vor dem Backen ein Lorbeerblatt auf das Gericht und richten Sie das Ganze mit einigen Bananenscheiben an.

Vegetarisch?

Verwenden Sie einen vegetarischen Hackfleisch-Ersatz oder die gleiche Menge an Linsen aus der Dose.

So wird's gemacht:

- Den Ofen auf 180 °C/Gasstufe 4 vorheizen.
- Brot in eine Schüssel geben und in der Milch einweichen.
- Das Brot gut ziehen lassen und währenddessen das Fleisch vorbereiten. Hierfür in einer Pfanne das Hackfleisch in heißem Öl braun anbraten (dabei alle größeren Stücke mit einem Kochlöffel zerkleinern). Anschließend das Fleisch aus der Pfanne nehmen und zur Seite stellen.
- Die Butter in der gleichen Pfanne schmelzen und darin die Zwiebeln mit dem Knoblauch glasig anbraten.
- Currypulver und Mixed Herbs unterrühren und eine Minute lang mitbraten. Anschließend das Fleisch dazugeben.
- Chutney mit einigen EL Wasser dazugeben und mit Salz und schwarzem Pfeffer abschmecken.
- Alles bei geschlossenem Deckel 5 Minuten lang auf kleiner Flamme köcheln lassen. Dabei immer wieder umrühren, damit das Fleisch nicht anbrennt.
- Die Milch aus dem eingeweichten Brot herausdrücken und das Brot in die Fleischmasse einrühren.
- Die herausgepresste Milch mit dem Ei verquirlen und mit Salz und schwarzem Pfeffer abschmecken.
- Das Fleisch in eine kleine feuerfeste Form geben und mit einem Löffelrücken flach drücken.
- Die Eimasse darübergießen und das Ganze auf der mittleren Schiene im vorgeheizten Ofen 30 Minuten (bei einer größeren Menge ca. 40 Minuten) ausbacken. Die Oberfläche soll goldbraun und das Ei gestockt sein.

Serviervorschlag

Reichen Sie gelben Kurkumareis dazu. Dafür zunächst einen Esslöffel Rosinen mit einer guten Prise Kurkuma einige Sekunden lang in Butter anbraten. Den Reis dazugeben und auf gewohnte Weise zubereiten.

Bunny Chow

Nichts geht über ein «Bunny» nach einem langen Tag am Strand. Die südafrikanische Antwort auf Fast Food wurde von der indischen Gemeinschaft in Durban als ein gut zu transportierendes Mittagscurry erfunden. Dafür wird ein halbes Weißbrot ausgehöhlt, sodass nur die Kruste bleibt, und der Hohlraum anschließend mit einem Curry gefüllt. Große knusprige Brötchen eignen sich am besten und sehen auch noch typisch aus. Klassischerweise wird ein Gemüsecurry verwendet, aber es geht auch mit einem Hühnchen- oder Hackfleischcurry.

Das wird für 2 Portionen gebraucht:

2 große knusprige Weizenbrötchen
2 EL Öl
1 kleine Zwiebel, in Würfel geschnitten
1 Knoblauchzehe, zerdrückt
ein 2 cm langes Stück frischer Ingwer,
   geschält und fein gehackt
1 mittelgroße Karotte, geschält und in Würfel geschnitten
1 mittelgroße Kartoffel, geschält und in Würfel geschnitten
eine Handvoll Butternut-Kürbis oder Blumenkohlröschen,
   klein geschnitten (wahlweise Hühnchenfleisch
   in Würfeln oder Hackfleisch)
1 gehäufter TL Currypulver
200 g Tomatenstücke aus der Dose
150 g Kichererbsen (oder andere Bohnen)
   aus der Dose, klar gespült
110 ml Wasser
1 TL Garam Masala
Salz und schwarzer Pfeffer zum Abschmecken

Noch eine Prise authentischer?

Servieren Sie das Ganze mit einer Handvoll geraspelter Karotten, die Sie mit etwas frischem Zitronensaft, fein gehacktem Chili sowie Salz abschmecken.

Kochtipp

Geben Sie einen Löffel Naturjoghurt auf das Curry – das ergänzt das Gericht um eine frische Note.

So wird's gemacht:

- Die Brötchen aufschneiden und aushöhlen – die Ränder sollten jedoch dick genug sein, dass der Teig das flüssige Curry aufsaugen kann. Der Deckel wird am Ende zu einem kleinen Dach für das «Bunny».
- In einem Topf die Zwiebeln mit Knoblauch und Ingwer in heißem Öl glasig anbraten.
- Das Gemüse dazugeben und alles unter stetem Rühren etwas weich braten (wahlweise das Fleisch dazugeben und braun anbraten).
- Currypulver unterrühren und eine Minute lang unter konstantem Rühren mitbraten, anschließend Tomatenstücke und Kichererbsen sowie das Wasser dazugeben. Alles gut umrühren und das «Bunny» zum Kochen bringen.
- Die Hitze reduzieren, den Topf abdecken und das Ganze so lange auf kleiner Flamme köcheln lassen, bis das Gemüse gar ist.
- Garam Masala unterrühren und mit Salz und schwarzem Pfeffer abschmecken.
- Das Curry in die ausgehöhlten Brötchen füllen.

Essen unter Namibias Sternenhimmel

Die Vielfältigkeit seiner weiten Landschaften macht Namibia zu einem der besten Ziele für all jene, die gerne abseits der bekannten Wege reisen. Egal, ob man die zerklüfteten Kämme pittoresker Dünen erklimmt, die sengende Hitze der ältesten Wüste der Erde am eigenen Körper spürt, die «Big Five» im menschenleeren Etosha-Nationalpark oder in den Sumpfgebieten des Caprivizipfels erspäht, ob einen die unwirkliche Schönheit der Skelettküste ergreift oder sich in den unendlichen Ebenen des Hinterlandes ein Gefühl des inneren Friedens einstellt – der Zauber dieses Landes ist fast unbeschreiblich.
Die Esskultur vereint die traditionelle afrikanische mit der deutschen Kolonialküche. Fleischlastige Braai und würzige Eintöpfe, die über lange Zeit in großen gusseisernen Kesseln auf offenem Feuer vor sich hinköcheln, werden dabei – dank der kaum vorhandenen «Lichtverschmutzung» – unter einem Sternenhimmel serviert, den man sich nicht hätte schöner träumen können.
Allgegenwärtig ist die deutsche Backtradition. Frisches Brot, Apfelstrudel und so manch köstlichen Kuchen erhält man in fast jedem Café des Landes.

Sonnenuntergang im Caprivizipfel, Namibia

Bohnen-Chakalaka

Diesen typischen Gemüse-Bohnen-Eintopf kann man noch mit etwas frisch geriebenem Käse oder einem Avocado-Dipp verfeinern und knuspriges Brot, Reis oder Kartoffelpüree als Beilage dazu servieren. Und all diejenigen, die ihr Stück Fleisch vermissen, können sich dazu einige Würstchen braten.

Das wird für 2 Portionen gebraucht:

1 EL Öl
½ mittelgroße Zwiebel, in Würfel geschnitten
1 Knoblauchzehe, fein gehackt
ein 1 cm langes Stück frischer Ingwer, geschält und geraspelt
1 rote Chili, in dünne Scheiben geschnitten
  (wahlweise Chilipulver nach Geschmack)
½ mittelgroße grüne Paprika, in Würfel geschnitten
½ mittelgroße rote Paprika, in Würfel geschnitten
1 gehäufter TL Currypulver
1 große Karotte, geschält und geraspelt
200 g Tomatenstücke aus der Dose
200 g Baked Beans (gebackene Bohnen in Tomatensoße)
1 gehäufter TL Tomatenmark
2 Lorbeerblätter
Salz und schwarzer Pfeffer

So wird's gemacht:
- In einem schweren Topf die Zwiebeln mit Knoblauch, Ingwer und Chili sowie den Paprikawürfeln in heißem Öl unter Rühren anbraten.
- Geraspelte Karotte dazugeben und für einige Minuten weiterbraten. Anschließend das Currypulver unterrühren.
- Tomatenstücke, Baked Beans, Tomatenmark und Lorbeerblätter zusammen mit 4 EL Wasser dazugeben. Mit Salz und Pfeffer abschmecken und alles auf kleiner Flamme für weitere 10 Minuten köcheln, sodass eine dickliche Soße entsteht. Dabei ab und an umrühren.

Serviervorschlag

Reichen Sie einen Avocado-Dipp dazu. Dafür eine kleine reife Avocado zerdrücken und mit einigen Esslöffeln Frischkäse sowie Naturjoghurt vermischen. Danach mit fein gehacktem Chili (oder einer Prise Chilipulver) und einem Schuss Zitronensaft abschmecken.

Hühner-Potje

Ein ideales Gericht für den Schongarer! Und wenngleich das Zubereiten daheim nicht so romantisch ist wie das Sitzen vor einem gusseisernen Kessel auf drei Beinen über offenem Feuer im Freien, so ist es dennoch genau das Richtige zum Ausklang eines langen Tages.

Das wird für 2 Portionen gebraucht:
1 EL Öl
4 Hühnerkeulen, mit etwas Salz bestreut
½ mittelgroße Zwiebel, in Scheiben geschnitten
1 Knoblauchzehe, fein gehackt
2 mittelgroße Karotten, geschält und
  diagonal in dicke Scheiben geschnitten
1 mittelgroße Kartoffel, geschält und
  in dicke Scheiben geschnitten
1 TL Mixed Spice (siehe den afrikanischen Vorratsschrank auf S. 66)
¼ TL schwarzer Pfeffer, gemahlen
1 EL Mango- oder Apfelchutney
110 ml heiße Hühnerbrühe, wahlweise Gemüsebrühe
Salz

So wird's gemacht:
- In einer Pfanne die Hühnerkeulen im heißen Öl auf allen Seiten braun anbraten.
- Die Hühnerkeulen in einen Slow Cooker (Schongarer) geben und mit Zwiebeln, Knoblauch sowie einem Drittel der Mixed Spice bestreuen.
- Karotten- und Kartoffelscheiben Schicht für Schicht darauflegen und mit den restlichen Mixed Spice bestreuen. Mit Salz und Pfeffer abschmecken.
- Das Chutney in der heißen Brühe verrühren und das Ganze anschließend gleichmäßig über die Keulen und das Gemüse gießen.
- Nach der Gebrauchsanleitung des Herstellers den Potje wahlweise in der schnellen oder langsamen Zubereitungseinstellung garen (je nachdem, wie schnell Sie Ihren Eintopf fertig haben wollen).

Noch eine Prise authentischer?

Geben Sie ¼ Teelöffel Kurkumapulver und 2 Lorbeerblätter zusammen mit den Mixed Spice dazu.

Kein Schongarer zur Hand?

Schichten Sie den Eintopf in einen schweren Topf (mit Deckel!) und erhöhen Sie die Menge der Brühe auf 150 ml. Das Ganze dann auf kleiner Flamme bei geschlossenem Deckel ca. eine Stunde lang köcheln lassen, bis die Hühnerkeulen gar sind.

Vegetarisch?

Ersetzen Sie das Hühnchen mit einigen Schichten aus dicken, in Scheiben geschnittenen Süßkartoffeln, Butternut-Kürbis und roten Paprika. Reduzieren Sie dabei die angegebene Garzeit auf die vom Hersteller angegebenen Zeiten. Alternativ können Sie das Ganze auch in einem schweren Topf mit Deckel auf kleiner Flamme zubereiten. Das Gemüse sollte nach ca. 30 Minuten gar sein.

Kochen im Buschcamp am Sambesi

Wenn die tosenden Wassermassen der Victoria-Fälle, des weltweit breitesten Wasserfalls, donnernd in die Tiefe stürzen, treibt es einem unweigerlich den Adrenalinspiegel in die Höhe. Den ultimativen Nervenkitzel aber bieten ein Bungee-Sprung von der Victoria-Falls-Bridge oder eine wilde Rafting-Tour auf dem Fluss. Und wer einmal im Devil's Pool schwimmt, einem natürlichen Bassin direkt an der Abbruchkante der Fälle, oder im ohrenbetäubenden Sprühnebel der gigantischen Fluten das eigene Wort nicht mehr zu verstehen vermag, wird von der Urgewalt dieses Spektakels schlicht überwältigt sein. Deutlich ruhiger, doch nicht minder eindrücklich, ist eine Kanufahrt auf dem Sambesi, bei der man stämmigen Flusspferden, herumdösenden Krokodilen und majestätischen Elefanten ganz nah kommen kann. Am Ende des Tages entspannt man sich dann am besten bei einer gemächlichen Bootsfahrt mit einem lokalen Bier und einer Portion würzigem Hühnchen vom Grill, genießt den herrlichen Sonnenuntergang und beobachtet die Tierwelt dabei, wie sie sich am Fluss von der drückenden Hitze des Tages erholt.

Blick auf die Viktoria-Fälle, vom sambischen Ufer aus

Barbecuesoße mit Chili und Knoblauch

Diese Barbecuesoße wird vor Ort über wirklich jede Art Fleisch geträufelt – sogar über Krokodil, auch wenn das für uns unverständlich erscheint! In der heimischen Küche passt sie hervorragend zu Hühnchen oder Fischfilets. Und auch zu dicken Scheiben Käse, wie indischem Paneer oder Halloumi, schmeckt die Soße richtig gut. Welche Variante nun auch immer die Ihre ist: Reichen Sie Reis und jede Art grünes Gemüse oder wahlweise einen Salat dazu.

Ergibt ca. 100 ml

Das wird gebraucht:

1 EL rote Chili, sehr fein gehackt (und Kernchen entfernt)
1 große Knoblauchzehe, fein gehackt
1,5 TL Sonnenblumenöl
2 EL Zitronensaft
3 EL Olivenöl
¼ TL Salz

So wird's gemacht:

➤ Chili und Knoblauch in Sonnenblumenöl weich und goldbraun braten.
➤ Die restlichen Zutaten miteinander gut vermischen.
➤ Zum Schluss die angebratenen Chili und den Knoblauch unterrühren.

Noch eine Prise authentischer?

Nehmen Sie statt einem zwei Esslöffel scharfe rote Chilis.

Kochtipp

Reiben Sie zunächst die Fleisch-, Fisch- oder Veggievariante Ihrer Wahl mit der Soße ein. Danach das Ganze auf den Grill oder in die Pfanne geben und kräftig durchbraten. Und am Ende einfach noch etwas Soße darüberlöffeln. Und wenn Sie scharfen Chili nicht mögen, dann nutzen Sie die milden Sorten.

Bratfisch mit Gemüse-Tomaten-Relish

Traditionellerweise wird Tigerbarsch zu diesem Relish gereicht. Jede preislich halbwegs vernünftige Art weißer Fisch ist jedoch auch geeignet. Normalerweise saugt der typische Maisbrei die Soße auf. Da dieser aber wahrscheinlich nicht ganz oben auf der Liste der Reiserezepte für daheim steht, kann man auch einfach Kartoffelpüree dazu servieren.

Das wird für 2 Portionen gebraucht:

2 weiße Fischfilets
ein gutes Stück Butter
2 EL Öl
½ mittelgroße Zwiebel, in Würfel geschnitten
1 Knoblauchzehe, zerdrückt
eine Handvoll Spinat oder Mangold,
   in dünne Streifen geschnitten
200 g Tomatenstücke aus der Dose
½ TL Zucker
ein Schuss Zitronensaft
Salz und schwarzer Pfeffer

So wird's gemacht:
- In einer Pfanne die Zwiebeln mit dem Knoblauch in heißem Öl glasig braten.
- Die Gemüsestreifen dazugeben und so lange unter Rühren mitbraten, bis sie in sich zusammenfallen.
- Tomatenstücke und Zucker dazugeben und alles auf kleiner Flamme so lange bei geschlossenem Deckel köcheln lassen, bis sich die Soße reduziert hat und das grüne Gemüse durch ist.
- Einen Schuss Zitronensaft dazugeben und mit Salz und gemahlenem schwarzen Pfeffer abschmecken.
- Die Fischfilets salzen und goldbraun in Butter braten.
- Den Fisch auf einen Teller geben und etwas Relish darüberlöffeln.

Noch eine Prise authentischer?

Rühren Sie einen gehäuften Esslöffel zerstoßener roher Erdnüsse ins gekochte Relish.

Vegetarisch?
Ersetzen Sie den Fisch durch dicke Scheiben Halloumi.

Gewürzwelten in Tansania

Die Savanne Tansanias lädt förmlich zu einer Safari ein. Innerhalb eines erloschenen Vulkankraters im Ngorongoro-Schutzgebiet folgt man der Spur des seltenen Spitzmaulnashorns oder beobachtet in den schier unendlichen Ebenen der Serengeti Großkatzen dabei, wie sie um Gnuherden pirschen. Man erlebt das eindrucksvolle springende Tanzen der jungen Massai am Manyara-See hautnah mit oder wagt sich an die nicht zu unterschätzende Herausforderung, einmal den schneebedeckten Gipfel des Kilimandscharo zu erklimmen. Das der Küste vorgelagerte Sansibar lädt dazu ein, die Wanderstiefel in die Ecke zu werfen und all die kleinen, mit Palmen gesäumten Buchten – jede für sich ein Postkartenidyll – zu erkunden, unter dem geblähten Segel einer arabischen Dhau durch die kristallklaren Gewässer zu schippern oder an fischreichen Korallenriffen zu tauchen. Die Küche ist vielfältig und verschieden. Auf dem Festland bilden Fleischeintöpfe eine wichtige Grundversorgung, allerdings ohne große kulinarische Raffinessen. An der Küste aber, dank der zur See fahrenden Händler und der von ihnen mitgebrachten exotischen Gewürze und Zutaten, verschmilzt die Küche Afrikas mit der Arabiens und Indiens.

Ein Fischmarkt in Daressalam, der Hauptstadt Tansanias

Pilaw aus Stone Town

Das wird für 2 Portionen gebraucht:

2 EL Öl
250 g Hühnergeschnetzeltes (wahlweise Lamm)
1 kleine Zwiebel, in Würfel geschnitten
½ kleine grüne Paprika, in Würfel geschnitten
1 mittelgroße mehlig kochende Kartoffel, geschält
   und in Würfel geschnitten
2 Knoblauchzehen, fein gehackt
ein 2 cm langes Stück frischer Ingwer, geschält und geraspelt
1 gehäufter TL Garam Masala
1 grüne Chili, der Länge nach aufgeschnitten
1 mittelgroße Tomate, in Würfel geschnitten
2 EL Rosinen
½ Becher weißer Basmatireis
1 Becher heiße Hühnerbrühe, wahlweise Gemüsebrühe
Salz und gemahlener schwarzer Pfeffer

So wird's gemacht:
- In einem schweren Topf (mit Deckel) das Fleisch in einem EL heißem Öl unter
  stetem Rühren auf allen Seiten braun anbraten.
- Das Fleisch auf einen extra Teller und das restliche Öl in die Pfanne geben.
- Zwiebel mit Knoblauch und Ingwer unter Rühren glasig braten.
- Paprika und Kartoffel dazugeben und so lange mitbraten, bis sie weich werden.
- Garam Masala und Reis einrühren. Anschließend das Fleisch mit den Tomatenstücken,
  den Rosinen sowie dem Chili dazugeben.
- Mit der Brühe ablöschen und mit Salz und schwarzem Pfeffer abschmecken.
- Alles bei geschlossenem Deckel auf kleiner Flamme so lange köcheln, bis die komplette
  Brühe eingezogen ist (dies sollte, je nach Herd, ca. 10 Minuten dauern).
- Den Herd ausschalten, das Pilaw bei geschlossenem Deckel noch 5 Minuten lang nach-
  ziehen lassen und anschließend etwas auflockern und servieren.

Noch eine Prise authentischer?

Geben Sie noch einen Löffel Naturjoghurt mit einer Handvoll gerösteter Mandeln und noch etwas Garam Masala auf das Pilaw. Mischen Sie ein wenig fein gehackten Chili in den Kachumber-Salat.

Vegetarisch?
Ersetzen Sie das Fleisch durch eine kleine Dose Kichererbsen oder gemischte Bohnen.

Kachumber-Salat

Das wird für 2 Portionen als Beilagensalat gebraucht:

Salatgurke, der Länge nach halbiert
3 mittelgroße Tomaten, halbiert
3 Frühlingszwiebeln, in Scheiben
 geschnitten
Saft einer halben kleinen Zitrone
eine kleine Handvoll frischer Koriander
¼ TL Kreuzkümmel, gemahlen
Salz und schwarzer Pfeffer

So wird's gemacht:
- Mit einem Löffel die Kernchen der Gurke und der Tomaten entfernen. Anschließend den Rest in Würfel schneiden.
- Nun die Gurken und Tomaten mit den anderen Zutaten in einer Schüssel gut miteinander vermengen und mit Salz und Pfeffer abschmecken.

Hungrig?
Man kann aus dem Salat leicht ein Hauptgericht machen. Dafür mischt man einfach eine kleine Dose Kidneybohnen unter und richtet das Ganze anschließend auf einem Salatbett an. Zum Schluss noch etwas weichen Ziegen- oder Frischkäse daraufgeben – und fertig!

INDE
POLITIQUE ET ÉCONOMIQUE

Echelle de 1: 4.000.000°
Soit 1cm pour 40 kil.
0 100 200 300 400 500 kil

LÉGENDE

Villes de plus de 1.000.000 hab.
" " 500.000 hab.
" " 300.000 hab.
" " 100.000 hab.
" " moins de 100.000 hab.

MYSORE
BIHAR

Simla   Résidences d'été
■   Capitales d'États hors de l'Inde
Villes d'industrie métallurgique
Villes d'industrie textile

AFGHANISTAN

TURKESTAN CHINOIS

Amou Daria Fl.

70   80

IRAN

vers Hérat

Hilmend Fl.

Ghazni
Kandahar
Chaman
Quetta
Kélat
Chikarpur
Gwadar

BALOUTCHISTAN

PROV. DU NO
Kaboul
Pechaver
Gilgit
Rawalpindi
Sialkot   Jummu
Lahore   Amritsar
PENDJAB   Jullundur
Simla
Ludmana
Multan   Patiala   Ambala
Saharanpur

Indus Fl.

CACHMIR
Srinagar   Leh

TIBET

SIKKIM   Punaka
Katmandou   Darjiling   BHOUT
Patan

NEPAL

PAKISTAN

SIND

Haiderabad

RAJASTHAN
Bikaner
Jaipur
Jodhpur
Ajmer

Delhi
Mirat
Moradabad
Bareilly
Shahjahanpur
Aligarh   Naini Tal
Bhartpur   Agra

PROV.
UNIES
Lucknow
Aoud
Cawnpur
Allahabad   Bénarès
Jhansi   Mirzapur   Patna
Gaya

BIHAR

Ganges

BENGALE
Dacca

Karachi

Tropique du Cancer

MER
D'OMAN

blé, coton, peaux

GUDJERAT

Ahmedabad
Rajkot
Baroda
Bhavnagar
Broach
Surate
Diu (P.)   Daman (P.)

Bhouj

Indore
Bhopal

Jabalpur

PROVINCES
CENTRALES

Nagpur

Jamshedpur

ORISSA

HINDOUSTAN

blé, coton, oléagineux,
laine, manganèse

Bombay
Puna

Cholapur
HAIDERABAD
Haiderabad

Godaveri Fl.
Visagapatam
Yanaon (F.)
Masulipatam

Kistna Fl.

Golfe
du
Benga

jute, thé,
houille, fer

pét

Kolhapur
Belgaun

60

Goa (P.)

MYSORE
Mangalore   Bangalore   Kolar
Mysore
Cavery Fl.
Mahé (F.)
Salem
Calicut   Coimbatore
Cochin
Madura
TRAVANCORE
Trivandrum

Madras
Pondichéry (F.)
Karikal (F.)
Trichinopoli
Jafna

café,
épices,
caoutchouc

coton, cuir

Tuticorin
Trincomali

10

CEYLAN

Colombo   vers Singapour
vers Perth

thé, caoutchouc,
graphite

LÉGENDE

ARYENS
DRAVIDIENS
MONGOLOÏDES
TURCO-IRANIENS

HINDI   Langues
Delhi   Universités
JAINS   Religions
Limite des régions à majorité musulmane
Limite nord du Brahmanisme

PERSAN   Kaboul
PATHANS   PENDJABI
MUSULMANS   Lahore   Amritsar
TURCO-IRANIENS   SIKHS
Delhi   Aligarh
ARYENS   HINDI
SINDHI   Lucknow
Karachi   Allahabad   BENGALI   Calcutta
JAINS   BRAHMANES   Dacca
Bombay   Nagpur   GONDS   BIRMANS CHANS
PARSIS   MAHRATI   BIRMAN
DRAVIDIENS   Mandalay
Goa   Haiderabad   CHINOIS INDIENS   Rangoun
CHRÉTIENS   CANARESE   Madras   JUIFS
Bangalore   CHRÉTIENS   TAMOUL   NEGRITOS
TELOUGOU   MALAYALAM
Trivandrum

BOUDDHISTES
MONGOLOÏDES

POPULATIONS
Echelle de 1:16.000.000°

LÉGEND

Blé
Can
Cote
Jute
Mill
Riz

A   Arachide   O   Or
L   Lin   S   Sé
M   Mais   Ta   Ta
Op   Opium   T   T

INDIEN: WEGE DER SELBSTFINDUNG

Schnallen Sie sich an, denn es ruft die kulinarische Erfahrung Ihres Lebens! Das Essen in Indien ist derart vielfältig wie der Subkontinent selbst und so bunt und abwechslungsreich wie eine rasante Tuk-Tuk-Fahrt durch eine der vor Menschen nur so wimmelnden Städte des Landes.

Der kleine Happen hier und da und zwischendurch ist fester Bestandteil der indischen Esskultur, und so ist die Street Food-Szene des Landes beinahe schon eine Art Institution. Frühstück, Mittag- und Abendessen kann man problemlos zu sich nehmen, ohne auch nur einmal den Stuhl eines Restaurants berührt zu haben. Überall werden dampfend heiße Samosas und Chili-Pikoras direkt aus Kesseln voll kochendem Öl feilgeboten, papierdünne Dosas, gefüllte Parathas sowie Masala-Omeletts kunstvoll auf Tawas, den klassischen indischen Eisenpfannen, angerichtet und cremig-dicke Lassis schwungvoll mit Holzstampfern in Mörsern angerührt.

Für Inder spielt das Essen eine große Rolle. Mit viel Liebe und Aufwand wird ein großer Teil des Tages damit verbracht, Knoblauch, Ingwer und Chili zu mahlen und das streng gehütete Familienrezept für Masala zu mischen.

Die besten Orte für den Hunger unterwegs sind Thali-Restaurants. Hier werden auf großen Tabletts oder Bananenblättern unterschiedlichste Currys, Dals, Raitas sowie Chutneys mit Reis und Brot kredenzt. Dabei wird so lange nachgefüllt, bis man wirklich nicht mehr kann – dann aber naht noch der Nachtisch!

Jeder indische Bundesstaat hat seinen ganz eigenen Stil. Im Norden sind die Gerichte meist reichhaltig und scharf, im palmenreichen Süden wiederum ist in eigentlich allem Kokosnuss enthalten. Die kulinarischen Traditionen wurden dabei über die Jahrhunderte hinweg von Generation zu Generation weitergegeben, zudem ist die indische Küche auch heute noch untrennbar mit dem religiösen Brauchtum des Landes verwoben. Am besten begegnet man ihr mit einem offenen Herzen – und sollte dennoch der Tag kommen, an dem man partout kein Curry mehr sehen kann, so sind ein Käsetoast oder ein Biryani willkommene Alternativen.

Im Uhrzeigersinn von unten:
Im Jawai Leopard Camp in Rajasthan; Verkaufsstände von Dosas in den Straßen von Hyderabad; Süßigkeitenzubereitung in Hyderabad; auf einem Dorfbazar in Rajasthan; in Bhangarh, Rajasthan

Der indische Vorratsschrank

Im indischen Vorratsschrank dreht sich alles um das Thema Gewürze. Eine gute Auswahl erleichtert das Nachkochen der Rezepte ungemein. Und dabei muss das Ganze noch nicht einmal teuer sein – am besten kauft man Gewürze in einem asiatischen oder gar indischen Lebensmittelladen. Um die Aromen zu erhalten, lagert man die geöffneten Gewürzpäckchen idealerweise in Marmeladengläsern mit gut verschließbaren Deckeln.

Achten Sie immer darauf, dass beim Braten mit Gewürzen das Öl gut und heiß ist. Im Allgemeinen gibt man zuerst die ungemahlenen Gewürze dazu – dabei sollte man etwas Abstand von der Pfanne halten, da die ganzen Körner im heißen Öl platzen können. Bei gemahlenen Gewürzen sollte man stetig umrühren, da sie sonst ankleben und anbrennen können. Die Kombination aus Zwiebel, Knoblauch, Ingwer und Chili bildet die Basis für die meisten Gerichte.

Gewürze: gemahlene Kurkuma (aber Achtung: Kurkuma macht an allem, was damit in Kontakt kommt, Flecken!), gemahlener Kreuzkümmel, gemahlener Koriander, Garam Masala, Senfkörner, Kreuzkümmel (ganze Samen), Chilipulver und (nicht so entscheidend) gemahlener Kardamom sowie Zimt.

Ingwer / Knoblauch: am besten frisch, es gibt sie aber auch püriert im Glas.

Frische Chilis

Frischer Koriander

Currypaste: erhältlich in Gläsern von mild bis scharf.

Rote Linsen

Kichererbsen aus der Dose

Kokosmilch aus der Dose

Mangochutney

Reis: Basmati ist am besten, jedoch ist er ein wenig teurer als herkömmlicher Langkornreis.

Chapatis oder Naan: Diese ungesäuerten Fladenbrote kann man päckchenweise kaufen. Sie sind eine superschnelle Alternative für Reis.

Curryblätter: Sie gehören in die Küche eines ambitionierten Kochs. Es lohnt sich, danach zu stöbern, sollte ein guter asiatischer oder indischer Laden in der Nähe sein.

Kamelsafari in Rajasthan

Rajasthan ist Wüste pur. Frauen in vielfarbigen Saris und Männer mit leuchtenden Turbanen und kunstvollen Bärten treiben ihre Rinder und Ziegen dem staubigen Horizont entgegen. Überall künden Märchenpaläste und die beeindruckenden Bergfestungen der Rajputenkrieger von einer glorreichen Vergangenheit. Wie seit jeher führen Nomaden ihre Karawanen durch bonbonfarbene Dörfer, und in den emsigen Städten webt sich ein wahres Labyrinth aus engen Gassen voller Läden um die ungezählten Tempel und Havelis (ortstypische ehemalige Wohnhäuser der wohlhabenden Händler).

Dem hektischen Treiben entkommt man am besten bei einer Kamelsafari – und zugleich ist dies auch die einzige Möglichkeit, die an eine Sandburg erinnernde Festung von Jaisalmer zu erreichen.

Die sengende Mittagssonne des Landes erschwert den Obst- und Gemüseanbau. Daher basiert die Küche der Rajasthanis vor allem auf Getreide, getrockneten Hülsenfrüchten, Milch, Eiern, Sangri-Bohnen (auch als Khejri oder Kandi bezeichnet) sowie etwas Gemüse vom Basar oder aus dem eigenen Hof.

Ziegenhirte in Rajasthan

Wüstendal

Wenig Kalorien, aber viele Proteine – voll an Geschmack, jedoch lächerlich günstig herzustellen! Was kann man mehr wollen? Reichen Sie Reis und ein Joghurt-Raita dazu.

Das wird für 2 Portionen gebraucht:
¾ Becher rote Linsen
3 EL Öl
1 TL Kreuzkümmel, ganze Samen
1 TL Senfkörner
1 mittelgroße Zwiebel, in Würfel geschnitten
ein 4 cm langes Stück frischer Ingwer, geschält und fein gehackt
2 Knoblauchzehen, fein gehackt
½ TL Kurkuma, gemahlen
2 Handvoll junger Blattspinat, in dünne Streifen geschnitten
Salz

So wird's gemacht:
- Linsen in kaltem Wasser klar spülen und zur Seite stellen.
- Öl in einem mittelgroßen Topf erhitzen, anschließend Senfkörner sowie Kreuzkümmel hineingeben.
- Sobald die Körnchen aufplatzen, Zwiebel, Ingwer und Knoblauch zugeben und kurz anbraten.
- Kurkuma unterrühren, anschließend Linsen und 2 Becher kaltes Wasser dazugeben.
- Das Ganze einmal aufkochen (dabei den sich bildenden Schaum ablöffeln), die Hitze reduzieren und auf kleiner Flamme so lange köcheln, bis die Linsen weich sind.
- Spinat zugeben und mit Salz abschmecken. So lange einige Minuten weiterköcheln lassen, bis der Spinat gar ist.

Noch eine Prise authentischer?

Braten Sie einige Scheibchen Chili zusammen mit der Zwiebel, dem Ingwer und dem Knoblauch. Streuen Sie zum Schluss etwas gehackten frischen Koriander auf das Dal. Geben Sie eine gute Prise gemahlenen Kreuzkümmel in die Raita.

Kochtipp

Geben Sie als Alternative zu Spinat etwas in Würfel geschnittenes Gemüse Ihrer Wahl zusammen mit den Linsen in den Topf.

Joghurt-Raita

Diese Joghurt-Raita mit Minze hilft besonders gut als Kühlung der Chilischärfe.

Das wird für 2 Portionen gebraucht:
1 kleiner Becher Naturjoghurt
ein 5 cm langes Stück Salatgurke, in feine Würfel geschnitten
2 TL frische Minze, fein gehackt
Salz zum Abschmecken

So wird's gemacht:
→ Joghurt in einer Schüssel mit einer Gabel glatt schlagen.
→ Die restlichen Zutaten unterrühren und mit Salz abschmecken.

Fruchtige Variante
Anstelle der Gurke kann man gut eine in Würfel geschnittene reife Mango verwenden.

Ein Tiffin am Tadsch Mahal

Agra ist ein ziemlich touristischer Ort. Aber kann man nach Indien kommen, ohne einmal das Tadsch Mahal gesehen zu haben? In der flirrenden Sonne erstrahlen die weißen Kuppeln und Spitztürme dieses Monuments der Liebe – erbaut vom Großmogul Shah Jahan als bleibendes Vermächtnis für seine verstorbene Ehefrau Mumtaz Mahal – als Stein gewordenes Wunder. Mischt man sich früh zu Sonnenaufgang unter die Besuchermassen, erlebt man, dicht an dicht gedrängt, die sich nach und nach enthüllende Schönheit dieses atemberaubenden Ortes, der seinem Status als UNESCO-Weltkulturerbe alle Ehre macht. In der Stadt selbst locken zahlreiche Restaurants mit vielfältiger indischer Küche, die oft etwas für westliche Gaumen modifiziert wurde, und dem phänomenalen Ausblick von den hauseigenen Dachterrassen auf das Monument.

Das Tadsch Mahal in Agra

Jayfelles mit Käse und Tomaten

Diese beinahe schon sündig köstlichen Käsetoasts werden am besten mit einem cremigen Bananen-Lassi genossen. Von Vorteil für die Zubereitung der Jayfelles ist auf jeden Fall der Besitz eines Sandwichmakers – sie gelingen aber auch hervorragend in einer Pfanne.

Das wird für 1 Sandwich gebraucht:

2 Scheiben Toastbrot
weiche Butter zum Bestreichen und zum Braten
75 g Cheddar, frisch gerieben
1 EL rote Zwiebeln, fein gehackt
1,5 TL Koriander, gehackt
1 EL Mangochutney
4 Tomatenscheiben

So wird's gemacht:
- Beide Seiten des Toastbrotes dünn mit Butter bestreichen. Anschließend den geriebenen Käse mit den gehackten Zwiebeln und dem Koriander mischen.
- Eine Seite des Brotes mit Mangochutney bestreichen, dann die Käsemischung darüber streuen und mit den Tomatenscheiben belegen. Danach die andere Brotscheibe auflegen und fest andrücken, sodass ein Sandwich entsteht.
- Ein Stück Butter in der Pfanne schmelzen und das Sandwich darin auf niedriger bis mittlerer Hitze für ca. 3 Minuten auf jeder Seite anbraten. Der Käse sollte geschmolzen und das Brot goldbraun sein. Anschließend diagonal teilen.
- Verwendet man einen Sandwichmaker, einfach das Sandwich hineingeben und nach Anleitung zubereiten.

Noch eine Prise authentischer?

Vermischen Sie etwas gehackten Chili und eine kleine Handvoll Mungobohnen-sprossen mit dem Käse.

Bananen-Lassi

Ein gleichmäßig schaumiges Lassi gelingt zuverlässig durch Zuhilfenahme einer Küchenmaschine oder eines Stabmixers. Ist die Küche jedoch rudimentärer ausgestattet, tut es auch eine schlichte Gabel oder ein Schneebesen, wenn man die Banane zuvor gut zerdrückt hat.

Das wird für 2 große Gläser gebraucht:

1 mittelgroße reife Banane, geschält und
   anschließend das Fruchtfleisch mit einer Gabel
   oder einem Kartoffelstampfer zerdrückt
175 g Naturjoghurt
200 ml kalte Milch
1 TL Honig
eine gute Prise gemahlener Kardamom

So wird's gemacht:
➡ Alle Zutaten zusammen in einem Mixer
   gleichmäßig schaumig rühren oder alternativ
   in einer Schüssel von Hand verquirlen.
➡ Vor dem Servieren kühl stellen.

Noch eine Prise authentischer?

Geben Sie noch einen Esslöffel Rosenwasser dazu.

Keine Bananen im Haus?

Geben Sie eine gute Prise Salz zu den restlichen Zutaten, und es entsteht ein leckeres Salz-Lassi. Oder man nimmt etwas mehr Honig für eine süße Variante. Anstelle der Banane kann man auch zerdrückte Beeren verwenden.

Auf den Ghats von Varanasi

Mischt man sich unter die hinduistische Pilgerschar, die, einem nie versiegenden Strom gleich, zur heiligen Stadt Varanasi zieht, kann dies zur spirituellen Erfahrung werden – doch natürlich nicht für jeden. Die Eindrücke und Gerüche der Stadt aber werden in jedem Fall für immer im Gedächtnis bleiben. Das ganze Leben (und der Tod) spielt sich auf den tempelartigen Ufertreppen ab, den sogenannten «Ghats», die sich kilometerlang am Ufer des heiligen Flusses Ganges erstrecken. Hier wird gebadet oder das religiöse Ritual einer Puja praktiziert. Es wird Yoga gemacht, meditiert oder eine Bootsfahrt angetreten. Und – auch das gehört zu diesem Ort dazu – hier werden die Verstorbenen verbrannt. Allabendlich erstrahlen die Ghats durch das Feuerwerk der Ganga Aarti – einer Opferzeremonie zu Ehren der Flussgöttin Ganga – in hellem Licht. Beleuchtet von abertausend kleinen Öllämpchen, die gemächlich den Fluss hinabtreiben, wird die Luft vom schweren Duft der Räucherstäbchen und vom Klang der rituellen Gesänge erfüllt.
Die Ghats verlässt man auf eigene Gefahr: Nicht nur, dass man sich in dem anschließenden Gassengewirr leicht verirren kann – man stößt auch mit Sicherheit auf die eine oder andere umherstreunende Kuh oder eine Bestattungsprozession auf ihrem Weg zum Fluss.

Noch eine Prise authentischer?

Servieren Sie das Biryani mit einem Schuss Zitronensaft sowie etwas gehackter frischer Minze.

Vegetarisch?

Ersetzen Sie das Hühnchen mit einer Handvoll Blumenkohlröschen und in Würfel geschnittenem Butternut-Kürbis.

Einfaches Biryani

Während man von den Dachterrassen der Cafés den weiten Lauf des Ganges überblickt, ist ein Biryani – ein wahrer Liebling aller Indien-Reisenden – der ideale kulinarische Begleiter. Es kann Stunden dauern, um ein traditionelles Biryani zuzubereiten. Das folgende Rezept aber geht viel einfacher.

Das wird für 2 Portionen gebraucht:

$2/3$ Becher Basmatireis
1 EL Butter
1 mittelgroße Zwiebel,
  in dünne Scheiben geschnitten
1 Knoblauchzehe, fein gehackt
1 TL Garam Masala
$1/4$ TL Kurkuma, gemahlen
etwas Chilipulver zum Abschmecken
2 Hühnchenbrustfilets, ohne Haut, gewürfelt

7 getrocknete Aprikosen, gehackt
1 EL Currypaste
3 EL Naturjoghurt
1,5 Becher heiße Hühnerbrühe,
  wahlweise Gemüsebrühe
ein kleiner Bund Koriander, gehackt
Salz und schwarzer Pfeffer zum Abschmecken
2 gehäufte EL Cashewnüsse

So wird's gemacht:

→ Reis klar spülen und zur Seite stellen.
→ Butter in einem mittelgroßen Topf schmelzen und darin die Zwiebeln mit dem Knoblauch glasig anbraten.
→ Garam Masala und Kurkuma einrühren, mit Chili abschmecken und kurz anbraten. Anschließend die Hühnchenstücke und Aprikosen dazugeben.
→ Alles unter stetem Rühren so lange braten, bis das Fleisch braun wird.
→ Reis, Currypaste und Joghurt dazugeben und einmal gut umrühren. Dann mit der Brühe ablöschen und mit Salz und Pfeffer abschmecken.
→ Das Ganze einmal aufkochen, anschließend auf kleiner Flamme bei geschlossenem Deckel so lange köcheln, bis die gesamte Brühe aufgesaugt ist.
→ Den Herd ausschalten und alles bei geschlossenem Deckel 10 Minuten nachziehen lassen. Danach das Biryani etwas mit einer Gabel auflockern.
→ Den gehackten Koriander unterrühren und vor dem Servieren mit den Cashewnüssen bestreuen.

Gemüsecurry

Ganz oben auf den Speisekarten der heiligen Stadt Varanasi stehen Gemüsecurrys. Sollte der Kühlschrank einmal leer sein, kann man dieses Instant-Gemüsecurry aus einigen wenigen Dingen des Vorratsschranks zaubern. Reichen Sie Reis und einen Löffel Mangochutney dazu.

Noch eine Prise authentischer?

Geben Sie zu den gemahlenen Gewürzen noch einige fein gehackte Korianderstiele dazu.

Das wird für 2 Portionen gebraucht:

2 EL Öl
½ TL Kreuzkümmel, ganze Samen
½ TL Senfkörner
1 mittelgroße Zwiebel,
   in dünne Scheiben geschnitten
2 Knoblauchzehen, gehackt
ein 2 cm langes Stück frischer Ingwer,
   geschält und gehackt
½ TL Kurkuma, gemahlen
Salz

1 TL Garam Masala
Chilipulver zum Abschmecken
½ Becher Mais aus der Dose
½ Becher Kichererbsen aus der Dose
½ Becher Erbsen, tiefgefroren, wahlweise
   tiefgefrorenen und gehackten Spinat
200 g Tomatenstücke aus der Dose
¼ Becher Wasser
1 TL Honig

So wird's gemacht:

➝ Öl in einem mittelgroßen Topf erhitzen. Wenn es richtig heiß ist,
Kreuzkümmel und Senfkörner hineingeben.

➝ Die Körnchen einige Sekunden lang knistern und aufplatzen lassen. Anschließend Zwiebel,
Knoblauch und Ingwer dazugeben.

➝ Das Ganze bei konstantem Rühren so lange braten, bis die Zwiebeln weich sind und
karamellisieren.

➝ Kurkuma, Garam Masala und Chili dazugeben und gut verrühren.

➝ Mais, Kichererbsen und Erbsen (oder Spinat) dazugeben, einmal alles gut umrühren und eine
weitere Minute lang braten. Anschließend die Tomatenstücke mit Wasser und Honig dazugeben
und mit Salz abschmecken.

➝ Das Curry auf kleiner Flamme so lange köcheln lassen, bis das Gemüse durchgegart ist
und sich die Flüssigkeit etwas reduziert hat.

Kochtipp

Bereiten Sie die doppelte Menge zu – am nächsten Tag schmeckt es noch besser. Geben Sie 2 halbierte hart gekochte Eier 5 Minuten vor Ende der Kochzeit in das Curry.

Brunch in den
Backwaters von Kerala

Einmal das Leben an Land hinter sich lassen – wo könnte das besser gehen, als an Bord eines mit Stroh gedeckten Hausbootes, das gemächlich durch die mit Kokospalmen gesäumten Kanäle der Backwaters von Kerala schippert? Auf den verschlafenen Wasserwegen, gewissermaßen den Schnellstraßen der Einheimischen, zieht langsam das alltägliche Leben Keralas an einem vorüber. Wirklich alles, ganz gleich ob Kuh oder Kokosnuss, wird hier auf Booten transportiert, und so bietet sich vom bequemen Rattanstuhl an Deck manch unterhaltsamer Anblick. Man winkt den lachenden Kindern am Ufer zu, nimmt ein kurzes Bad in der Lagune oder kostet in einem der winzigen Dörfer ein cremiges Kokoscurry, das mit Gewürzen aus den Kardamombergen verfeinert wurde.

Ein Hausboot in den Backwaters von Kerala

Vegetarisch?
Einfach den Fisch weglassen und durch einige Stücke Paneerkäse, der in Öl goldbraun angebraten wird, sowie eine Tasse tiefgefrorener Erbsen ersetzen.

Fisch-Molée

Originale Rezepte aus Kerala ortstypisch nachzukochen, wie beispielsweise eine Molée, ist gar nicht so schwer. Man kann eigentlich jeden
guten Fisch mit einem festen weißen Fleisch verwenden. Aber auch
Garnelen eignen sich, sollten gerade welche günstig zu bekommen
sein. Reichen Sie Naan, typische Fladenbrote, oder Reis dazu.

Das wird für 2 Portionen gebraucht:

2 EL Öl
1 TL Senfkörner
1 kleine Zwiebel, in dünne Scheiben
  geschnitten
2 Knoblauchzehen, fein gehackt
ein 2 cm langes Stück frischer Ingwer,
  geschält und fein gehackt
grüne Chilis, in Scheiben geschnitten,
  nach Geschmack

½ TL Kurkuma
½ TL Garam Masala
200 ml Kokosmilch
2 Fischfilets, ohne Haut,
  in große Stücke geschnitten
  (wahlweise 200 g Garnelen)
2 kleine Tomaten, geviertelt
ein Schuss Zitronensaft
Salz

So wird's gemacht:

- Öl in einem Wok oder einer Pfanne erhitzen und die Senfkörner hineingeben.
- Sobald die Körner aufplatzen, Zwiebel, Knoblauch, Ingwer und Chili dazugeben
  und unter stetem Rühren glasig braten.
- Kurkuma und Garam Masala unterrühren, anschließend mit der Hälfte der Kokosmilch
  und der gleichen Menge an warmem Wasser ablöschen. Mit Salz abschmecken und
  auf mittlerer Hitze zum Köcheln bringen (das Ganze darf jedoch nicht kochen!).
- Die Fischstücke dazugeben und 5 Minuten lang auf kleiner Flamme weiterköcheln,
  danach die Tomaten, die restliche Kokosmilch sowie einen guten Schuss Zitronensaft
  dazugeben.
- Auf kleiner Flamme weitere 5 Minuten lang köcheln, bis die Tomaten gar sind, aber
  noch nicht auseinanderfallen.

Noch eine Prise authentischer?

Braten Sie mit den Senfkörnern noch 8 Curry-blätter mit.

Masala-Käseomelett

Mit diesem superschnellen Gericht zaubern Sie im Nu ein tolles Frühstück oder ein herrliches Abendessen. Wen Chili kalt lässt oder wer Probleme mit Schärfe hat, kann stattdessen auch fein gehackte rote Paprika verwenden.

Das wird pro Omlett gebraucht:
2 große Eier
1 EL Milch
eine gute Prise schwarzer Pfeffer
eine Handvoll Käse, gerieben
2 Frühlingszwiebeln, in dünne Scheiben geschnitten
  (wahlweise eine Handvoll fein gehackter Zwiebeln)
1 kleine Tomate, in Würfel geschnitten
rote Chili, in Scheiben geschnitten
  (wahlweise rote Paprika), zum Abschmecken
1 EL Koriander, fein gehackt
Salz
1 TL Butter zum Braten

So wird's gemacht:
- Die Eier mit der Milch und schwarzem Pfeffer in
  einer Schüssel gut verquirlen.
- Käse, Frühlingszwiebeln, Tomate, Chili und Koriander
  unterrühren und mit Salz abschmecken.
- Butter in einer mittelgroßen Pfanne auf großer Hitze
  schmelzen lassen, bis sie zu schäumen beginnt.
- Die Pfanne mit der Butter einmal gut schwenken und anschließend die Eimasse eingießen.
- Das Omelett goldbraun ausbacken, anschließend mit einem Pfannenwender auf die andere
  Seite drehen.
- Noch eine Minute lang weiterbraten und zum Schluss auf einem Teller anrichten.

Noch eine Prise authentischer?

Geben Sie einen halben Teelöffel gemahlenen Kreuzkümmel in die Eimasse. Servieren Sie das Ganze mit einer Portion selbst gemachtem oder gekauftem Ketchup.

Kochtipp

Mischen Sie den Koriander mit einer kleinen Handvoll gehacktem Spinat. Reichen Sie Chapatis (Teigfladen) dazu, die mit geriebenem Käse bestreut und unter einem Grill oder in einer Pfanne so lange erwärmt werden, bis der Käse geschmolzen ist.

Entspannte Tage in Goa

Goa ist nicht nur ein Refugium für Hedonisten, sondern auch für alle anderen ein wunderbarer Erholungsort nach langen Reisetagen. Der blaue Himmel, die goldenen Sandstrände, das Geräusch brechender Wellen und eine Hängematte an einem schattigen Plätzchen lassen einen schnell den Stress langer Zug- und Busfahrten vergessen. Die angenehme Morgenfrische lädt zu einer Fahrradtour entlang menschenleerer Strände und sich sanft im Wind wiegender Palmwäldchen ein. Sobald der Hunger kommt, sind es dann nur ein paar Schritte zur nächsten Strandbude, die garantiert mit frisch gefangenem Fisch und einem feurigen Vindaloo lockt.

Am Abend lässt sich unter dem grandiosen Sternenhimmel das Leben feiern. Wem es gelingt, sich von den herrlichen Stränden loszureißen, dem winken die Kultur der alten portugiesischen Viertel von Panaji und der verblasste Prunk von Velha Goa.

Eine Strandbude in Goa

Bratfisch vom Strand

Für dieses Bratfischgericht direkt aus einer Strandbude Goas kann man eigentlich fast jede Art Fisch verwenden. Man kann aber auch hervorragend Garnelen mit der Masala einreiben. Je größer die Garnelen, desto besser – sollte man sich mal was gönnen wollen –, ansonsten tun es auch Krabben. Reis, jede Art von grünem Gemüse oder ein Salat sollten dazu serviert werden.

Das wird für 2 Portionen gebraucht:
2 dicke Fischfilets
Öl zum Braten

Masala (Gewürzpaste)

1 dicke Knoblauchzehe, zerdrückt
ein 2 cm langes Stück frischer Ingwer,
   geschält und geraspelt
2 TL Mehl
2 TL Zitronensaft
½ TL Kreuzkümmel, gemahlen

1 gestrichener TL Chilipulver
   (oder nach Geschmack)
¼ TL Kurkuma
eine gute Prise schwarzer Pfeffer
Salz zum Abschmecken

So wird's gemacht:
- Die Zutaten für die Masala in einer kleinen Schüssel gut vermischen.
- Die Fischfilets alle 2 cm leicht einschneiden und anschließend vollständig mit der Masala einreiben.
- Öl in einer Pfanne erhitzen und die Filets beidseitig auf mittlerer Flamme außen knusprig und innen gut durch braten. (Dies wird pro Seite ca. 3 bis 4 Minuten dauern, je nach Dicke des Fisches.)

Noch eine Prise authentischer?

Geben Sie in dünne Scheiben geschnittene rote Zwiebeln, gemischt mit fein gehacktem Koriander und einem Schuss Zitronensaft, auf den Fisch.

Vegetarisch?

Statt Fisch kann man auch dicke Scheiben Paneer, Halloumi oder Tofu verwenden.

Bananenpfannkuchen

Gelüstet es Sie nach etwas Süßem? Dann bereiten Sie am besten gleich einen ganzen Stapel dieser dicken luftig-lockeren und mit Banane gesüßten Pfannkuchen zu.

Das wird für 4 Pfannkuchen gebraucht:

110 g Mehl
1 TL Backpulver
1 TL Zucker
eine gute Prise Salz
1 mittelgroßes Ei
150 ml Vollmilch
2 EL Naturjoghurt
1 EL geschmolzene Butter
1 große reife Banane, mit einer Gabel zerdrückt
Butter zum Ausbacken

So wird's gemacht:
- Mehl mit Backpulver, Zucker und Salz in einer mittelgroßen Schüssel vermischen.
- Milch mit Joghurt, Butter und dem Ei in einer separaten Schüssel verquirlen und anschließend langsam in die Mehlmischung unterrühren. Dabei darauf achten, dass keine Klümpchen bleiben. Danach die Banane unterheben.
- Ein Stück Butter in einer Pfanne schmelzen und ein Viertel des Teigs hineingeben.
- Auf kleiner Hitze so lange braten, bis der Teig Blasen bildet und fest genug ist, um gewendet zu werden.
- Den Pfannkuchen wenden und goldbraun ausbacken.

Noch eine Prise authentischer?

Träufeln Sie etwas warmen flüssigen Honig über die Pfannkuchen.

Kochtipp
Achten Sie darauf, dass Sie den Teig nicht zu lange verquirlen, da die Pfannkuchen sonst zu kompakt werden.

SÜDOSTASIEN: VIEL GENUSS FÜR WENIG GELD

Ob im touristisch gut erschlossenen Thailand oder an den fantastischen Tempelanlagen von Angkor Wat in Kambodscha, ob im landschaftlich schönen Laos, dem sich wandelnden Myanmar oder in den pulsierenden Städten Vietnams – die Küche Südostasiens ist ein wahrer Weckruf für die Geschmacksnerven. Und wenngleich es von Land zu Land offensichtliche regionale Unterschiede gibt, so eint doch alle eine feine Balance zwischen salzig und sauer, süß und scharf sowie die Vorliebe für Gewürze und frische Kräuter wie beispielsweise Ingwer, Knoblauch und Zitronengras, die frischen Blätter der Kaffernlimette sowie Minze, Chili und Koriander.

In Südostasien liebt man Salziges, und es sind die typischen Fischsoßen und -pasten, die diese Geschmacksqualität bedienen. Die stechende Schärfe aber trifft nicht immer den westlichen Geschmack. Wer also skeptisch ist oder konsequent vegetarisch bleiben möchte, sollte stattdessen Sojasoße verwenden. Limettensaft oder Tamarinde liefern die nötige Säure, die durch Zugabe von süßem Palmzucker etwas abgemildert wird. Die karamellartige Süße kann man zu Hause gut durch braunen Zucker oder Honig ersetzen. Der Ursprung der Schärfe wiederum hat einen Namen: Chili und nochmals Chili! Es gibt ihn in allen Formen, Größen und Schärfegraden. Als Faustregel gilt, dass die kleinen Bird's eye Chilis am schärfsten sind und die größeren Sorten Schärfe ohne das unangenehme Brennen bieten.

Die wirklich authentische Küche findet man natürlich nicht in Touristenrestaurants, sondern, zu einem Bruchteil der dortigen Preise, in den einfachen Cafés und Imbissbuden, die sich um die Straßenmärkte schmiegen. Bei knackigen Salaten, duftenden Currys, fantastischen Nudelgerichten, würzigen Suppen und der obligatorischen Schale Klebreis isst man hier in zwangloser Atmosphäre das wirkliche Südostasien, ohne dass dessen Schärfe und aromatische Vielfalt verwässert wurde. Wichtiger Bestandteil des sozialen Lebens ist der tägliche Einkauf, bei dem man sich lautstark über Klatsch und Tratsch auf den neuesten Stand bringt. Dabei werden die Stände nach den besten Waren durchstöbert und um den bestmöglichen Preis gefeilscht. Wer einmal über einen solchen Markt schlendert, kann seinen Horizont erweitern. Alles, wirklich alles, was kreucht und fleucht, wird hier feilgeboten – ob Insekten, glitschiger Fisch, Schlangen oder irgendein undefinierbares Fleisch. Doch unvermittelt taucht Vertrautes auf: Croissants, Gebäck und knusprige Baguettes liegen als koloniale Erinnerung überall dort in den Auslagen, wo die Franzosen ihre Spuren hinterließen, und erfreuen sich nach wie vor großer Beliebtheit.

< Im Uhrzeigersinn von oben links
An einer Straßenbude in Laos; die Halong-Bucht in Vietnam; ein Tempel in Myanmar; Street Food in Myanmar; in Siem Reap, Kambodscha

Die typischen Zutaten der südostasiatischen Küche erhält man in den meisten größeren Supermärkten. Eine bessere Auswahl aber bieten in der Regel asiatische Spezialitätengeschäfte, in denen man meist nicht nur mehr für sein Geld bekommt, sondern auch auf fachmännische Beratung hoffen kann. Es empfiehlt sich, immer Knoblauch, Chili, Ingwer und Limetten sowie frisches Basilikum und Koriander vorrätig zu haben. Zutaten wie Zitronengras oder die Blätter der Kaffernlimette sollten, wenn möglich, ebenfalls frisch sein.

Beim Einkauf sollte man sich von größeren, meist günstigeren Mengen nicht abschrecken lassen, da sich das meiste gut einfrieren lässt, man dadurch langfristig Geld sparen kann – und sich einige alternative Verarbeitungsvorschläge in diesem Buch finden. Bestandteil der meisten Rezepte sind Fisch- oder Sojasoße. Da diese Soßen in der Regel schon ziemlich salzig sind, empfiehlt es sich, alles erst einmal zu probieren, ehe man extra Salz zufügt.

< Bauern beim Setzen von Reis in Chiang Mai, Thailand

Der südostasiatische Vorratsschrank

Sojasoße: Erhältlich sowohl in hellen wie in dunklen Varianten. Für den Fall, dass man nicht in mehrere verschiedene Soßen investieren will, gilt: Dunkle Sojasoße ist vielfältiger einsetzbar. Um eine leichte Sojasoße zu erhalten, verdünnt man die Soße einfach mit der gleichen Menge Wasser.

Fischsoße: Diese typische salzige Würzsoße hat eine ähnliche Konsistenz wie Sojasoße.

Ketjap Manis: Diese süßliche, dickflüssige Sojasoße stammt aus Indonesien. Sie lässt sich leicht selbst herstellen: Etwas dunkle Sojasoße mit der gleichen Menge Tomatenketchup mischen.

Kokosmilch, Bambussprossen und Scheidlinge/Reisstrohpilze in der Dose.

Grüne sowie rote Currypaste: Unbedingt die originalen thailändischen Marken verwenden! Wenn die Pasten einmal geöffnet wurden, sollten sie im Kühlschrank gelagert werden.

Austernsoße: Diese dickflüssige und dunkle Soße wird mit Austernextrakt hergestellt. Es gibt aber auch eine vegetarische Variante (fragen Sie den Händler), wenn man nicht stattdessen gleich auf eine Hoisin-Soße zurückgreifen möchte.

Reis: Am authentischsten ist Klebreis, etwas einfacher in der Verarbeitung aber sind Jasmin- oder Basmatireis. Der günstigere, langkörnige weiße Reis ist absolut ausreichend. Brauner Reis wiederum ist die gesündeste Variante.

Reisnudeln: Sowohl als lange, flache Bandnudeln (Pho) als auch als dünnere, den Spaghetti ähnliche Variante (Bun) erhältlich.

Ingwerwurzel: Die frische Knolle hält sich ziemlich lang, man kann aber auch auf pürierten Ingwer aus dem Glas zurückgreifen.

Zitronengras: Die zähen Halme verfügen über ein ausgeprägtes Zitronenaroma. Um an diese Aromen zu kommen, muss man zunächst etwas mit dem Nudelholz o. Ä. auf die Halme klopfen. Alternativ kann man auch dicke Streifen Zitronenschale verwenden.

Blätter der Kaffernlimette: Diese dunkelgrünen Blätter mit Zitrusduft gibt es sowohl frisch als auch getrocknet. Bevor man die Blätter ins Gericht gibt, sollten zunächst die zähen Stängel entfernt werden. Wenn es mal unmöglich ist, Kaffernlimette zu kaufen, sind dicke Streifen Limettenschale eine akzeptable Alternative.

Erdnüsse: ohne Schale und ungesalzen.

Gewürze: Zimtstangen, Sternanis und Kurkuma.

Die Kochschulen von Thailand

Eine Südostasienrundreise beginnt meist in Thailand, dem perfekten Ort zum Ankommen in der Einzigartigkeit dieser fernen Weltregion. Thailand hat einfach alles: verrückte Städte, idyllische Strände, Trekking in weit abgelegene Bergregionen und die ansteckende Freundlichkeit seiner Bewohner. Vor allem aber ist hier das Touristenleben durch die Mischung aus vertrautem Komfort und Exotik komplett entspannt. So kann man hervorragend innehalten und sich langsam in der «fremden Welt» orientieren, während man die ersten Begegnungen mit den scharfen, süßen und salzigen Aromen der südostasiatischen Küche macht.

Eine ideale Einführung in die thailändische Küche bietet ein Tag in einer Kochschule. Meist gehört auch ein Besuch des lokalen Marktes dazu – eine gute Gelegenheit, einmal die typischen Zutaten des Landes zu probieren und dabei dem Alltagsleben der Thais ganz nah zu kommen. Zudem lernt man dort, was alles in ein Thai-Menü kommt und was nicht. Doch Vorsicht: Thais lieben ihr Essen sehr scharf!

Ein lokaler Markt an der Grenze von Thailand zu Myanmar

Grünes Curry

Alles, was man für dieses Gericht braucht, ist eine richtig authentische grüne Currypaste aus Thailand sowie eine Dose Kokosmilch. Am besten reicht man Reis oder Nudeln dazu.

Das wird für 2 Portionen gebraucht:
1 EL Sonnenblumenöl
1,5 TL grüne Currypaste (am besten aus Thailand)
200 g Hühnchengeschnetzeltes, wahlweise Fisch oder Tofu,
   in Würfel geschnitten, oder 175 g Garnelen
75 g Schlangenbohnen, in Stücke geschnitten
   (wahlweise einfache grüne Bohnen)
110 g Brokkoli, in Röschen
275 ml Kokosmilch aus der Dose
¼ Becher Wasser
1,5 TL Fischsoße (wahlweise dunkle Sojasoße)
1 TL brauner Zucker oder Honig
3 dicke Streifen Limettenschale

So wird's gemacht:
- Öl in einem Wok oder einem Topf erhitzen, Currypaste hineingeben
  und 1 Minute lang unter Rühren anbraten.
- Hühnchen, Tofu oder Meerestiere sowie Bohnen und Brokkoli dazu-
  geben und das Ganze nochmals eine Minute lang unter Rühren braten.
- Mit zwei Drittel der Kokosmilch und dem halben Becher Wasser ablö-
  schen.
- Fisch- oder Sojasoße, Zucker und Limettenschale dazugeben.
- Alles auf kleiner Flamme so lange köcheln, bis es gar und richtig heiß ist.
  (Denken Sie daran, dass die Garzeit von Hühnchen länger ist als die von Tofu
  oder Garnelen. Daher spätestens nach 10 Minuten einmal überprüfen.)
- Die restliche Kokosmilch unterrühren, einige Minuten lang weiterköcheln lassen
  und schließlich servieren.

Noch eine Prise authentischer?

Nehmen Sie 3 Blätter der Kaffernlimette statt der Limettenschale. Geben Sie eine Stange Zitronengras (in 2 cm große Stücke geschnitten) sowie eine kleine Handvoll frisches Basilikum dazu.

Kochtipp

Die Bohnen und der Brokkoli können auch gut durch Erbsen (evtl. tiefgefroren) oder Sojabohnen, durch kleine halbierte Maiskolben, Champignons, eine kleine Dose Reisstrohpilze oder Zuckererbsen ersetzt werden.

Pad Thai

Dieses inoffizielle Nationalgericht wird in Thailand überall angeboten, ob in der kleinen Straßenbude oder dem Strandcafé.

Das wird für 2 Portionen gebraucht:

175 g getrocknete flache Reisnudeln
4 EL ungesalzene und ungeröstete Erdnüsse
2 EL Öl
½ rote Zwiebel, in feine Scheiben geschnitten
1 Knoblauchzehe, fein gehackt
150 g große Garnelen, vorgekocht
Chilipulver nach Geschmack
2 große Eier
4 Frühlingszwiebeln, in 1 cm
  dicke Scheibchen geschnitten
150 g Sojasprossen
Limettensegmente zum Anrichten

Dressing

2 EL Fischsoße (wahlweise dunkle Sojasoße)
Saft einer kleinen Limette
1 EL brauner Zucker, wahlweise Honig

Noch eine Prise authentischer?

Zu einem Pad Thai wird normalerweise eine scharfe Soße serviert. Für diese mischt man 1 EL Fischsoße (oder Sojasoße) mit 1 EL Limettensaft, 1 EL dunkler Sojasoße und so viel gehacktem scharfen roten Chili, wie man es verträgt und mag.

Vegetarisch?

Ersetzen Sie einfach die Garnelen durch eine Handvoll in Würfel geschnittenen festen Tofu und die Fischsoße durch dunkle Sojasoße.

So wird's gemacht:

➡ Reisnudeln nach Packungsanleitung zubereiten.

➡ Die Nudeln abgießen, mit kaltem Wasser klar spülen und etwas auflockern.

➡ Erdnüsse in einer heißen Pfanne (ohne Öl) goldbraun rösten.

➡ Die abgekühlten gerösteten Erdnüsse grob mit einem scharfen Messer hacken oder mit einem Nudelholz zerkleinern (Nüsse in ein Handtuch einschlagen erleichtert die Arbeit!).

➡ Die Zutaten für das Dressing gut vermischen.

➡ Öl in einem Wok oder einer großen Pfanne erhitzen und darin die roten Zwiebeln mit dem Knoblauch goldbraun anbraten.

➡ Chilipulver dazugeben und alles kurz weiterbraten.

➡ Garnelen dazugeben und unter stetem Rühren gut durchbraten.

➡ Reisnudeln, Frühlingszwiebeln und Sojasprossen unterrühren.

➡ Dressing dazugeben, alles gut vermischen und einige Minuten lang unter stetem Rühren ziehen lassen.

➡ In die Mitte der Nudeln eine kleine Vertiefung machen, die leicht verquirlten Eier hineingeben und so lange weiterbraten, bis die Eier stocken.

➡ Das Ganze noch einmal gut mischen.

➡ Die Erdnussstücke und einen guten Schuss Limettensaft darübergeben und sofort servieren.

Keine Garnelen daheim?

Nehmen Sie stattdessen eine in dünne Streifen geschnittene Hühnerbrust ohne Haut. Achten Sie aber darauf, dass das rohe Hühnerfleisch gut durchgebraten ist, ehe Sie es zu den Nudeln geben.

Mahlzeiten am Mekong in Kambodscha

Tief im Herzen Indochinas liegt Kambodscha, ein Land mit feuchtheißem Dschungel, tropischen Inseln und antiken Tempeln, die es leicht mit jedem anderen Weltwunder aufnehmen können. Kulinarisch mischt sich hier die traditionelle Küche der Khmer mit einer Prise «je ne sais quoi» der französischen Kolonialvergangenheit. Und auch wenn die Küche Kambodschas der thailändischen ähnelt, so ist die gute Nachricht für alle, die Chili nicht gut vertragen, dass man hier deutlich weniger Wert auf feurige Schärfe legt als im Nachbarland. Die eleganten Straßencafés der Hauptstadt Phnom Penh verführen mit Tukaloks, einer Art exotischer Smoothie aus frischen Früchten. Und die fantastischen Tempelanlagen von Angkor, die man am besten gemächlich auf dem Mekong erreicht, werden durch die unzähligen Street-Food-Köstlichkeiten in Siem Reap zum doppelten Genusserlebnis. Die Nudelgerichte und den mit Ingwer verfeinerten Bratfisch der Khmer kann man recht unkompliziert nachkochen. Das Nationalgericht Amok (in einem Bananenblatt geräucherter Fisch mit Kokoscreme) aber, das man vor Ort unbedingt probieren muss, ist eine etwas zu große Herausforderung.

Blick auf Angkor Wat, Kambodscha

Khao Phoune – Reisnudeln mit Kokosmilch

Dieses Nudelgericht muss man einfach einmal kosten!

Das wird für 2 Portionen gebraucht:

110 g getrocknete dünne Reisnudeln
   (oder 225 g gekochte)
1 EL Öl
2 kleine Hühnerbrüste, in Streifen geschnitten
1,5 TL rote Currypaste
275 ml Hühner- oder Gemüsebrühe
200 ml Kokosmilch
1 Stange Zitronengras, in Stücke zu je 2 cm geschnitten,
   oder wahlweise 3 dicke Streifen Zitronenschale
5 Kirschtomaten, halbiert
1 kleine Dose Reisstrohpilze
eine große Handvoll Sojasprossen
1 EL Fisch- oder Sojasoße

So wird's gemacht:
- Reisnudeln wie auf der Packung angegeben zubereiten.
- Nudeln abgießen und mit kaltem Wasser klar spülen.
- In einem Wok oder einem schweren Topf das Hühnerfleisch in heißem Öl unter stetem Rühren einige Minuten lang bräunlich anbraten.
- Currypaste dazugeben und 1 Minute lang weiterbraten.
- Mit der Brühe und der Kokosmilch ablöschen.
- Tomaten, Reisstrohpilze und Fisch- oder Sojasoße dazugeben und alles bei geschlossenem Deckel auf kleiner Flamme so lange braten, bis das Fleisch durch ist.
- Reisnudeln und Sojasprossen in eine große Schale geben und die Kokos-Hühnersoße darüberlöffeln.

Noch eine Prise authentischer?

Mischen Sie einen gehäuften EL unge-röstete und mit einem Nudelholz zerstoßene Erdnüsse in die rote Curry-paste. Streuen Sie zum Schluss klein geschnittene Früh-lingszwiebeln und gehackten Koriander darüber.

Vegetarisch?

Ersetzen Sie das Fleisch entweder durch in Wür-fel geschnittenen Tofu oder eine gute Handvoll in Würfel geschnittene Pilze Ihrer Wahl.

Gemüse-Trey aus dem Wok

Bei dieser leckeren kambodschanischen Bratfischspezialität wird das Gemüse in einer Austernsoße gegart.

Das wird für 2 Portionen gebraucht:
2 EL Öl
ein 3 cm langes Stück frischer Ingwer,
  in feine Stifte geschnitten
2 mitteldicke Fischfilets
1 EL dunkle Sojasoße
1 EL Austernsoße
½ mittelgroße Zwiebel, in dünne Streifen geschnitten
½ kleine rote Paprika, in dünne Streifen geschnitten
1 kleine Karotte, in sehr dünne Streifen geschnitten
eine kleine Handvoll frisches Basilikum, grob gehackt

So wird's gemacht:
- In einem Wok oder einer Pfanne den Ingwer in heißem Öl so lange anbraten, bis er beginnt, weich zu werden. (Sollte man pürierten Ingwer verwenden, diesen nur ganz kurz anbraten.)
- Den Fisch dazugeben und auf beiden Seiten goldbraun durchbraten.
- Den Fisch aus dem Wok nehmen, anschließend Soja- und Austernsoße einrühren.
- Gemüse dazugeben und so lange unter Rühren anbraten, bis es weich ist und sich die Soße reduziert hat. (Dies dauert ca. 5 Minuten.)
- Den Fisch zurück in den Wok geben, das Gemüse darüberheben und mit dem gehackten Basilikum bestreuen. Alles zusammen nochmals 1 Minute lang garen und schließlich servieren.

Noch eine Prise authentischer?

Geben Sie zur Soja- und Austernsoße einen Teelöffel Fischsoße ins Gericht.
Essen wie ein Kambodschaner: Man wickelt ein Stück Fisch in ein Salatblatt und tunkt dieses in eine Chilisoße.

Vegetarisch?

Einfach den Fisch durch Halloumi oder Tofu ersetzen und eine vegetarische Austernsoße aus Shiitake-Pilzen verwenden.

Snacks auf den Märkten von Laos

Laos ist das Land der glänzenden buddhistischen Tempel, der Mönchsprozessionen und der Schönheit von meist vollkommen unberührter Natur. Auf einer Trekkingtour warten rauschende Wasserfälle und aus der Zeit gefallene Dörfer auf den Besucher. Und die Lebensader des Landes, der mächtige Mekong, lockt mit abenteuerlichen Bootsfahrten und vollkommener Ruhe auf einer seiner 4000 Inseln.

Auf die obligatorischen kulturellen Highlights Vientiane und Luang Prabang folgen entspannte Tage im Hinterland, deren üppig grüne Landschaften und wilden Flüsse man aber meist nur auf längeren Fahrten in total überfüllten Bussen erreicht – und manchmal hat man dabei sogar ein lebendes Huhn neben sich sitzen. Bei jeder Rast wird der Bus sogleich von einer Vielzahl Händler umzingelt, die irgendwie alles, was lebt, zum Kauf anbieten. Na, Appetit auf eine Kakerlake vom Grill?

Laoten lieben Wild – und so verkaufen sie alles, was sie im Urwald erjagen konnten. Zum Glück für die etwas zart Besaiteten gibt es aber auch fabelhaftes Paprikahuhn, köstlich belegte Baguettes, Frühlingsrollen und würzige Papayasalate.

Ping Gai – Laotisches Huhn

Mit diesem Rezept kann man Huhn schnell und einfach in etwas Besonderes verwandeln. Sobald das Fleisch mariniert wurde, ist man bei der Art des Zubereitens ziemlich flexibel. Entweder man entscheidet sich für die klassische laotische Variante eines Barbecues und grillt es oder brät es zu Hause am Herd.

Das wird für 2 Portionen gebraucht:
2 Hühnerbrüste oder Schenkel

Marinade

4 Zweige Koriander, fein gehackt
2 Knoblauchzehen, zerdrückt
1 knapper TL ganze Pfefferkörner,
  grob zerkleinert
1,5 TL Öl
1,5 TL Fisch- oder Sojasoße
1,5 TL Limettensaft
1 TL Honig

So wird's gemacht:
- Alle Zutaten für die Marinade in einer Tasse vermengen.
- Die Hühnerbrüste ein paar Mal auf allen Seiten mit einem Messer einritzen, in eine Schüssel legen und mit der Marinade übergießen.
- Alles mit einem Teller abdecken und 15 Minuten ziehen lassen.
- Jetzt haben Sie die Wahl: das Fleisch entweder unter einen heißen Backofengrill geben, in etwas Öl ausbraten oder auf einem Grillrost – ideal auf Holzkohle – zubereiten.
- Das Fleisch so lange garen lassen, bis es auf beiden Seiten schön braun und innen durch ist.

Noch eine Prise authentischer?

Reichen Sie einen scharfen Mangosalat und Klebreis dazu. Geben Sie etwas gehackten Chili sowie einen Teelöffel frisch geraspelten Ingwer zum Mangosalat. Essen Sie auf die klassisch laotische Art: Man formt kleine Kugeln aus dem Reis und tunkt diese ins scharfe Salatdressing.

Vegetarisch?

Dicke Scheiben fester Tofu, Halloumi oder Paneer können als Ersatz für das Hühnerfleisch dienen. Nehmen Sie außerdem Soja- statt Fischsoße.

Mangosalat

Grüner Papayasalat ist in Laos untrennbar mit gegrilltem Huhn verbunden. Allerdings kann es hierzulande recht kompliziert sein, grüne Papayas zu finden, und wenn, sind sie meist ziemlich teuer. Unreife Mangos sind ein perfekter, geldbeutelschonender Ersatz.

Das wird für 2 Portionen gebraucht:

1 kleine feste Mango, geschält und
  in dünne Stifte geschnitten
8 Kirschtomaten, halbiert
12 Schlangenbohnen (wahlweise grüne Bohnen),
  in 2 cm große Stücke geschnitten
110 g Sojasprossen
eine kleine Handvoll frisches Basilikum, grob gehackt
2 EL blanchierte, ungeröstete Erdnüsse,
  selbst in einer Pfanne geröstet und
  grob gehackt (optional)

Dressing

Saft einer kleinen Limette
1 EL Sojasoße
1,5 TL Fischsoße (oder 2 EL Sojasoße)
1 TL flüssiger Honig
Chili, in Scheibchen geschnitten, nach Geschmack

So wird's gemacht:

- Alle Zutaten für das Dressing in einer Tasse verquirlen. Den Salat in einer Schüssel anrichten und mit dem Dressing vermengen.

Die Pagodencafés von Bagan in Myanmar

Vor über einem Jahrhundert beschrieb Rudyard Kipling das ehemalige Birma als «quite unlike any land», als mit keinem anderen Land vergleichbar. Und wer einmal einen jener Sonnenaufgänge miterlebt hat, der den Morgennebel über dem menschenleeren Bagan erleuchtet, oder beobachten konnte, wie die Sonne sanft hinter der goldenen Shwedagon-Pagode untergeht, wird den Worten des berühmten Schriftstellers zustimmen. Die antiken Pagoden, die herrlichen Landschaften und die Freundlichkeit der Menschen verzaubern schlicht jeden Besucher. Wasserfans wiederum kommen beim Tuckern auf dem Irrawaddy oder einer rasanten Langbootfahrt über den Inle-See, an Pfahldörfern und schwimmenden Gemüsegärten vorbei, voll auf ihre Kosten.
Die Küche Myanmars ist ein Schmelztiegel aus indischer, chinesischer und thailändischer Kochkunst, und so stehen Currys gleichberechtigt neben Wokgerichten. Typisch ist ein Salat, der aus fermentierten grünen Teeblättern zubereitet wird. Man sollte ihn zumindest einmal probieren – dann wird es aber wahrscheinlich auch gut sein!

Mohingar

Diese Nudelsuppe wird klassischerweise zum Frühstück gegessen, was jedoch nicht jedermanns Sache ist. Als Mittag- oder Abendessen aber ist sie ein Hit.

Das wird für 2 Portionen gebraucht:
2 EL Öl
200 g Fischfilets (Kabeljau, Wittling oder Lachs)
75 g dünne Reisnudeln
   (oder 175 g fertig gekochte)
½ mittelgroße Zwiebel,
   geraspelt oder fein gehackt
2 Knoblauchzehen, geraspelt oder fein gehackt

ein 2 cm langes Stück frischer Ingwer, geraspelt
½ TL Kurkuma
½ TL schwarzer Pfeffer, grob gemahlen
725 ml Fisch- oder Gemüsebrühe
1 Stange Zitronengras, mit einem Nudelholz zerdrückt
2 gehäufte EL Kichererbsen aus der Dose, zerdrückt
1 EL Fisch- oder Sojasoße

Zum Garnieren
1 Frühlingszwiebel, in Streifen geschnitten
1 EL Koriander, gehackt
Zitronensegmente

So wird's gemacht:
- 1 EL Öl in einer Pfanne erhitzen und darin den Fisch 3 bis
  5 Minuten (je nach Dicke) auf beiden Seite durchbraten.
- Anschließend den Fisch in mundgerechte Stücke teilen.
- Reisnudeln wie auf der Packung angegeben zubereiten.
- Die Reisnudeln abgießen, mit kaltem Wasser klar spülen und
  etwas auflockern.
- Das restliche Öl in einem Wok oder einem Topf erhitzen und darin Zwiebeln,
  Knoblauch und Ingwer braun anbraten.
- Kurkuma und schwarzen Pfeffer einrühren.
- Mit der Brühe ablöschen und Zitronengras, Kichererbsen sowie Fisch- oder
  Sojasoße dazugeben.
- Bei geschlossenem Deckel 10 Minuten auf kleiner Flamme köcheln lassen.
- Nudeln mit dem Fisch in eine Schüssel geben und anschließend die heiße Suppe
  darüberlöffeln.
- Nach Geschmack garnieren und rasch genießen.

< Shwedagon Pagoda, Myanmar

Noch eine Prise authentischer?

Garnieren Sie die Mohingar mit geviertelten hart gekochten Eiern und in Öl braun und knusprig angebratenen dünnen Knoblauchscheibchen.

Vegetarisch?
Verwenden Sie in Würfel geschnittenen Tofu und Gemüsebrühe.

Fried Rice aus Myanmar

In Myanmar sind Teestuben eine Institution. Nehmen Sie auf einem Hocker an einem der winzigen Tische Platz, deuten Sie auf irgendetwas, das verlockend aussieht, und lassen Sie die einzigartige Atmosphäre des Ortes auf sich wirken! Auf der kulinarisch sicheren Seite ist man mit einem Fried Rice eigentlich immer – chinesischer Touch inklusive.

Das wird für 2 Portionen gebraucht:

2 knappe Becher gekochter Reis
3 EL Öl
1 mittelgroße Zwiebel,
  in dünne Scheiben geschnitten
2 Knoblauchzehen, fein gehackt
½ TL Kurkuma
Chilipulver nach Geschmack
10 Champignons, geviertelt

75 g Schlangenbohnen
  (wahlweise grüne Bohnen),
  in erbsengroße Scheiben geschnitten
½ Becher tiefgefrorene Erbsen,
  in kochendem Wasser aufgetaut
  und anschließend abgegossen
1,5 TL Fisch- oder Sojasoße
2 Spiegeleier

So wird's gemacht:

→ Den Reis zubereiten und auflockern.
→ In einem Wok oder einer großen Pfanne die Zwiebeln und den Knoblauch in 2 EL heißem Öl glasig braten.
→ Die Hälfte der Zwiebel-Knoblauch-Mischung aus der Pfanne nehmen, die andere auf kleiner Hitze so lange weiter braten, bis sie braun ist und karamellisiert.
→ Die karamellisierte Zwiebelmischung aus der Pfanne nehmen und die andere Hälfte wieder hineingeben.
→ Kurkuma und Chili dazugeben und alles unter stetem Rühren kurz anbraten. Anschließend die Pilze und die Bohnen dazugeben und so lange braten, bis sie beinahe gar und weich sind.
→ Nun die Erbsen dazugeben und alles bei stetem Rühren durchgaren.
→ Das restliche Öl mit dem Reis und der Fisch- oder Sojasoße dazugeben, vorsichtig vermengen und so lange braten, bis der Reis richtig heiß ist. (Sollte der Reis Gefahr laufen, anzubrennen oder zu verkleben, einfach etwas Wasser dazugeben.)
→ Den Fried Rice auf Teller geben und mit den braunen Zwiebeln sowie je einem Spiegelei servieren.

Noch eine Prise authentischer?

Reichen Sie einen Chili-Dipp dazu. Für diesen mischt man 1 TL geraspelten Ingwer (oder pürierten Ingwer aus dem Glas) mit einer gehackten Chilischote, 1 EL Fisch- oder Soja-soße, 1 EL Tomaten-ketchup sowie 1 EL Zitronensaft.

Kochtipps

Geben Sie frittierte Tofuscheiben (kann man manchmal bereits frittiert kaufen) zusammen mit dem Reis ins Gericht.

Egal, ob Basmati- oder Jasminreis, lang-körniger oder brauner Reis – es können alle Reissorten verwendet werden. Am besten plant man schon im Voraus und kocht am Abend zuvor doppelt so viel Reis wie benötigt. Den gekochten Reis lagert man dann einfach im Kühlschrank.

Die Com-Restaurants von Vietnam

Vietnam ist mit seinen pulsierenden Städten, in denen die Moderne auf eine traditionelle Café-kultur trifft, ein ungemein spannendes Reiseziel. Während man einen stark gebrühten vietna-mesischen Filterkaffee mit einem Schuss Kondensmilch genießt, kann man gemütlich die Rast-losigkeit der Welt beobachten. Oder man mischt sich mit einem hausgebrauten Bier in einem traditionellen Bai-Hoi-Restaurant unter die Studenten (dabei sollte man aber unbedingt genau die Karte lesen – oft gibt es nämlich Hund als Spezialität!).

Lässt man die Städte hinter sich, verschwinden alsbald Lärm und Hektik, und man begegnet dem wesentlich einfacheren Leben der Landbevölkerung. Eingerahmt von märchenhaften Bergen sieht man Bauern mit Nón lá, den typischen aus Reisstroh geflochtenen Kegelhüten, wie sie ihre Reisfelder bestellen. Die lange Küste wiederum bietet zahllose Sehenswürdigkeiten wie die atemberaubende Ha-Long-Bucht samt ihrer spektakulären Kalkinseln und endlose Dünen an traumhaften Stränden. Die schlicht Com genannten Reis-Restaurants sind die besten Orte für ein leckeres, aber günstiges Curry mit Reis oder eine Pho, die typische vietnamesische Nudelsuppe. Und wer sich traut, kann auch bei einem der vielen fliegenden Nudelhändler etwas kaufen.

Café-Kultur in Hanoi, Vietnam

Dschungelcurry

Dieses Gemüsecurry ist ein Com-Klassiker.
Man isst es mit viel gekochtem Reis.

Das wird für 2 Portionen gebraucht:
2 EL Öl
1 kleine Zwiebel, in dünne Scheiben geschnitten
ein 3 cm langes Stück frischer Ingwer, geschält
 und in dünne Stifte geschnitten
1 mittelgroße Karotte, in dünne Stifte geschnitten
110 g Schlangenbohnen (wahlweise grüne Bohnen), halbiert
75 g Babymais, der Länge nach halbiert
½ TL Kurkuma
¼ TL schwarzer Pfeffer, gemahlen
1 kleiner Kopf Pak Choi, wahlweise
 eine Handvoll frischer Blattspinat, in dünne Streifen geschnitten
110 ml Kokosmilch
Saft einer halben Limette
1,5 TL Sojasoße
eine kleine Handvoll frischer Koriander, grob gehackt
Salz

So wird's gemacht:
- In einem Wok oder einer Pfanne die Zwiebeln mit dem Ingwer anbraten.
- Karotten, Bohnen und Babymais dazugeben und unter Rühren einige Minuten lang garen.
- Kurkuma und Pfeffer untermischen und eine Minute lang weiterbraten.
- Pak Choi dazugeben und so lange unter Rühren braten, bis die Blätter in sich zusammenfallen.
- Kokosmilch, Limettensaft, Sojasoße und Koriander mit einigen EL Wasser dazugeben.
- Bei geschlossenem Deckel das Curry auf kleiner Flamme ca. 5 Minuten lang köcheln, bis das Gemüse gar ist.
- Mit etwas Salz abschmecken.

Noch eine Prise authentischer?

Servieren Sie das Curry mit einem guten Schuss Fischsoße sowie klein geschnittener roter Chilischote.

Kochtipp

Geben Sie eine Handvoll küchenfertiger Garnelen oder Tofuwürfel zusammen mit der Koksmilch in das Curry. Statt Schlangenbohnen kann man auch gut breite Bohnen (in Streifen geschnitten) oder Zuckererbsen (die Enden oben und unten abgeschnitten) verwenden.

Pho – Vietnamesische Nudelsuppe

Eine richtige Pho vereint ganz Vietnam in einer Schale. Essenziell für die Suppe ist dabei Sternanis. Diesen findet man recht leicht in orientalischen Lebensmittelläden und in den meisten Supermärkten. Sternanis lässt sich lange lagern.

Das wird für 2 Portionen gebraucht:

110 g flache Reisnudeln (Pho)
725 ml Rinder- oder Gemüsebrühe
2 Knoblauchzehen,
   in dünne Scheiben geschnitten
ein 4 cm langes Stück frischer Ingwer,
   geschält und in dünne Scheiben geschnitten
2 ganze Sternanise
1 Zimtstange
eine gute Prise schwarzer Pfeffer, gemahlen
1 EL Fisch- oder Sojasoße
eine kleine Handvoll frischer Blattspinat,
   in dünne Streifen geschnitten

175 g dünnes Rinderfilet
1 EL Öl
75 g Sojasprossen
3 Frühlingszwiebeln,
   in dünne Scheiben geschnitten
6 Zweige Koriander, grob gehackt
rote Chilischote,
   in dünne Scheiben geschnitten,
   wahlweise Chiliflocken, nach Geschmack
Salz nach Geschmack

So wird's gemacht:
- Die Nudeln nach Packungsanleitung zubereiten.
- Nudeln abgießen, mit kaltem Wasser klar spülen und etwas auflockern.
- Brühe in einen Topf (mit passendem Deckel) geben und mit Knoblauch, Ingwer und Gewürzen aufkochen.
- Den Topf abdecken und alles auf kleiner Flamme 10 Minuten lang köcheln lassen.
- Fisch- oder Sojasoße und Spinat dazugeben. Sobald der Spinat auseinanderfällt, die Suppe probieren und eventuell mit Salz nachwürzen.
- Das Rinderfilet etwas salzen und in einer Pfanne in heißem Öl 1 bis 2 Minuten auf jeder Seite außen braun, innen noch rosa anbraten. Das Fleisch ein paar Minuten ruhen lassen und anschließend in dicke Streifen schneiden.
- Nudeln in eine Schüssel füllen, die heiße Suppe darübergießen und zum Schluss Sojasprossen, Frühlingszwiebeln, Koriander, Chili und Rindfleisch (oder die vegetarische Variante) dazugeben.

Noch eine Prise authentischer?

Geben Sie ganz zu Schluss noch etwas Hoisin-Soße und einen Schuss Zitronensaft in Ihre Pho.

Vegetarisch?

Nehmen Sie Gemüsebrühe. Das Fleisch kann durch Austernpilze oder Steak aus Quorn ersetzt werden, die man in heißem Öl brät. Auch Tofu geht gut; er kann sowohl gebraten als auch unverarbeitet in die Suppe gegeben werden.
Keinesfalls sollte man den Sternanis und die Zimtstange vergessen. Beides gibt der Suppe ihren typischen Geschmack.

REZEPTREGISTER